国家社科基金资助项目

中国国防实力研究

——基于军事资本的视角

闫仲勇　主编

中国财政经济出版社

图书在版编目（CIP）数据

中国国防实力研究：基于军事资本的视角／闫仲勇主编．—北京：中国财政经济出版社，2014.11
ISBN 978－7－5095－5851－5

Ⅰ．①中…　Ⅱ．①闫…　Ⅲ．①国防经济－研究－中国
Ⅳ．①E0－054

中国版本图书馆CIP数据核字（2014）第271081号

责任编辑：卢关平　　责任校对：王　英
封面设计：孙俪铭　　版式设计：兰　波

中国财政经济出版社出版
URL：http：//www.cfeph.cn
E－mail：cfeph @ cfeph.cn

社址：北京市海淀区阜成路甲28号　邮政编码：100142
营销中心电话：88190406　北京财经书店电话：64033436　84041336
北京京华虎彩印刷有限公司印刷　各地新华书店经销
880×1230毫米　16开　7.625印张　186 000字
2014年12月第1版　2014年12月北京第1次印刷
定价：22.00元
ISBN 978－7－5095－5851－5/E·0005
（图书出现印装问题，本社负责调换）
本社质量投诉电话：010－88190744
打击盗版举报热线：010－88190492、QQ：634579818

目录

基于永续盘存法的国防实力测度与国际比较①

闫仲勇　　陈波

Yan Zhongyong　Chen bo

（国防科学技术大学人文与社会科学学院　湖南长沙　410074；

中央财经大学国防经济与管理学院　北京　10081）

内容提要： 本文采用永续盘存法对中国、美国、日本、印度、俄罗斯等世界主要国家和中国台湾地区 1979 ~ 2005 年的军事资本进行了测度，并依据测度出的军事资本数据对各国的国防实力进行了比较分析。结果表明，中国国防实力的平均值远远落后于美国以及日本、俄罗斯等国家，“中国威胁论”并不成立；美国国防实力在所有国家中占有绝对优势，是中日印俄和中国台湾地区国防实力之和的 1.8 倍；而日本的国防实力仅次于美国和俄罗斯，位居第三。虽然中国的国防实力要强于

① 此论文已经发表在《世界经济与政治论坛》2011 年第 2 期。

印度，但印度的国防实力的增长速度在所有国家中最快，印度的军事实力在未来几年会超过中国和日本从而成为军事大国。为了维护国家的主权和领土完整，在充分考虑中国经济承受力的情况下，需要适当增加军事投资，逐步增加中国的军事资本存量，缩小与美国、日本等国国防实力的相对差距，努力建设与中国地位相称、与中国发展利益相适应的国防力量，为经济建设提供强有力的国防实力，以便对中国周边国家和地区构成强大的威慑力量，形成国防战略优势，为中国现代化建设营造长期稳定、安全可靠的国际和平环境。

关 键 词：永续盘存法　国防实力　军事资本　国际比较

中图分类号：E0－054　　　　**文献标识码**：A

一、引　言

“富国”和“强军”已经成为一个国家持续发展的根本，一个国家、一个民族，要想在激烈的国际竞争中立于不败之地并有所作为，既要有强大的经济实力为基础，也要有强大的国防实力为保障。目前，中国已经成为仅次于美国的第二大经济体，但是中国的国防实力到底如何？中国国防实力在国际上处于什么地位，能否为中国经济发展提供安全保障，又是否对其他国家产生威胁？对这些问题的回答均需要对世界各国的国防实力进行准确度量。因而，如何衡量一国的国防实力便成为一个具有重大现实意义的课题。为此，世界许多机构和公司对国防实力进行了分析，例如英国的《简氏防务周刊》、美国的《国际防务周刊》、兰德公司等，在国内也有许多知名机构和学者对中国国防实力进行了评估。

2006年版的美国《国防防务周刊》报道称，美国国防实力总体实力排名世界第一，俄罗斯第二，中国第三。文章解释说：中国在战争动员机制上，超过世界上任何一个国家。中国可以在短时间内，募集到超过1000万人的具有良好素质的优秀兵员。

2008年英国《简氏防务周刊》公布了2008年世界国防实力排名，认为美国排名第一，主要因其军事科技和军费开支均居世界第一，是世界军事理论变革的领头羊；中国排第四，《简氏防务周刊》认为，中国之所以位居第四，是因为中国决策层逐步加大军费投入，引进大量先进的军事技术和装备，并且成果显著。

而此后美国兰德公司向美国国防部提交的报告却称，中国国防实力排世界第八。兰德公司认为军队的信息化程度决定信息化战争的胜负，而中国军队的信息化程度在全球的排名仅为第二十四名，远不如大多数发达国家，但考虑到核武器和核潜艇等其他因素，中国的国防实力勉强能排到世界第八位。

在国内，中国资深军事评论员张召忠则认为：2008 年，就核武器而言，中国国防实力名列世界前五位；就潜艇兵力而言，中国国防实力名列世界前两位；就水面舰艇而言，中国国防实力名列前八位；就作战飞机而言，中国国防实力名列世界前四位；就坦克装甲车辆和轻武器而言，中国国防实力名列世界第一位。

中国社会科学院在 2009 年年末发布了 2010 年《国际形势黄皮书》。在国防实力上，黄皮书根据军费、军队人数和武器装备三个方面的指标，认为美国国防实力世界第一，中国第二，俄罗斯第三。美国是真正的军事超级大国，其军费相当于其他十国军费总和的百分之一百三十二。俄罗斯在武器装备上排首位，主要是因为其武器装备数量巨大，特别是坦克总量达到 22800 辆，高居单项榜首，而美国、中国的坦克数量分别只有 7000 余辆。中国在国防实力上仅次于美国，黄皮书称，主要是因为中国的军队人数和武器装备数量得分都较高。

然而，无论是国内还是国外，相关研究多数是从国防费或者某几种单独的武器或者从海陆空人员数量对一国的国防实力进行评估排名的。由于缺乏准确衡量国防实力的统一标准，到目前为止，关于各国国防实力众说纷纭，无法对各国的总体国防实力进行比较，更不能准确指出各国国防实力在国际上的地位。而军事资本却能从总体上反映国防实力，是一国国防实力的象征，能作为衡量国防实力的标准，所以对军事资本进行测度就成为研究国防实力的关键所在。

本文采用永续盘存法利用斯德哥尔摩国际和平研究所的有关数据测算了中国、美国、日本、印度、俄罗斯和中国台湾地区等世界主要国家和地区的军事资本存量，并分析了中国的国防实力在国际上的地位。

二、永续盘存法在军事资本测度中的应用

军事资本的测度还是一个比较新的问题，希尔德布兰特（G. Hildebrandt）在1980年发表的《军事资本的经济效果》（The Economics of Military Capital）的文章中指出，所谓军事资本就是军事部门所拥有的所有实物资产的总货币价值，这些资产包括：军事装备（military equipment，例如坦克和飞机）、军事机构（military facilities，例如总部、供给站和新兵训练营）以及作为存货的军火[①]。希尔德布兰特（G. Hildebrandt）提出了有关军事资本测度的两种理论：军事资本的瞬时生产能力理论和军事资本的长期生产能力理论，统称为军事资本的生产能力理论。随后，他又提出两种军事资本的测度方法：军事资产的服务价值法和财富价值法[②]。生产能力理论在理论上很好地解决了军事资本的测度问题，但是，在实际运用中由于很难获得额外信息，无法运用这种理论测度出军事资本的具体数值。军事资产的服务价值法是一种购置成本法，然而，在实际研究过程中，由于各种原因（军事机密、技术因素等）很难得到所需要的相关数据，这种方法更适合决策者使用。军事资产的财富价值法是一种预期未来收入法，由于军事资产一般是公共产品，其收入很难衡量，可操作性也不强。

除了以上方法之外，永续盘存法也是测度军事资本的一种重要

---

① Gregory G. Hildebrandt. The Economics of Military Capital, The Rand Corporation, 1980.

② Gregory G. Hildebrandt. Services and wealth measures of military capital (Measures of Military Capital). Defence Economics, 1990, 2 (1).

方法。与上述方法相比，永续盘存法的理论和应用比较成熟，经济合作与发展组织（OECD）国家就广泛采用永续盘存法作为估计资本存量的基本方法。永续盘存法测度的资本存量是过去所有以不变价计量的投资的加权和，权重是不同役龄（指正在使用的资本品已经使用的年限时间）资本品的相对效率。计算公式如下：

$$K(t) = \sum_{\tau=0}^{\infty} d(\tau) \times I(t-\tau) \tag{1}$$

$d(\tau)$是不同役龄资本品的相对效率，即资本品τ年前投资的权数，τ表示役龄；$I(t-\tau)$是τ年前以不变价表示的时间t时的投资数。$d(\tau)$由其役龄τ决定，随着役龄的增加相对效率是非增的，规定新资本品的相对效率等于1，任何资本品最终都要退役或报废，此时它的相对效率降为零，即：$d(0)=1$，$d(\tau)-d(\tau-1)\leqslant 0$（$\tau=1, 2, \cdots L-1$），$d(\tau)=0$（$\tau=L, L+1, \cdots$），$L$为寿命期。

采用符号$m(\tau)$表示役龄为τ年的资本品效率损失的比率，也称为死亡率（mortality），其值等于从役龄$\tau-1$到役龄τ间效率的减少量，用公式表示如下：

$$m(\tau)=d(\tau-1)-d(\tau) = -[d(\tau)-d(\tau-1)],(\tau=1,2,\cdots,L) \tag{2}$$

由于资本品的相对效率随役龄增加而下降，要保持原有的资本品效率，就必须进行重置。引入重置率$\delta(\tau)$（也被称为重置分布）表示役龄为τ年的资本品被重置的比例，是初始投资购置后第τ期为维持原有的资本存量需要重置的比例。如果在$\tau+1$年前没有任何资本品，则τ年前购买的资本品数量就是当年的资本存量，我们假定此后资本存量不再继续增加，历年的投资仅仅是为了保持当初的资本存量水平。重置率$\delta(\tau)$可以利用以下公式更新递归地计算出来：

$$\delta(\tau)=m(1)\delta(\tau-1)+m(2)\delta(\tau-2)+\cdots+m(\tau)\delta(0),(\tau=$$

$1,2,\cdots)$ (3)

其中，$\delta(0)$可理解为当期需要购买资本品的比例，其值为1，进而可将（3）式改写为：

$$\delta(\tau)=\begin{cases}m(1)\delta(\tau-1)+m(2)\delta(\tau-2)+\cdots+m(\tau-1)\\ \delta(1)+m(\tau),(\tau=1,2,\cdots)\\ 1,(\tau=0)\end{cases} \tag{4}$$

同时引入重置需求$R(t)$，$R(t)$被定义为为保持原有的生产能力不变（或者说效率不变）而必须补偿的资本数量，用公式可表示为：

$$R(t)=\sum_{\tau=1}^{\infty}m(\tau)\times I(t-\tau) \tag{5}$$

$R(t)$也可通过对（1）式做一阶差分得到：

$$K(t)-K(t-1)=I(t)-\sum_{\tau=1}^{\infty}m(\tau)\times I(t-\tau)=I(t)-R(t) \tag{6}$$

所以，$R(t)=\sum_{\tau=1}^{\infty}m(\tau)\times I(t-\tau)=I(t)+K(t-1)-K(t)$ (7)

利用重置分布$\delta(\tau)$，$R(t)$还可以用过去资本存量的变化来表示：

$$R(t)=\sum_{\tau=1}^{\infty}\delta(\tau)\times[K(t-\tau)-K(t-\tau-1)] \tag{8}$$

在几何递减模式下，资本品相对效率的递减速度为$1-\delta$（δ为几何递减模式下的重置率或折旧率，$0<\delta<1$），相对效率和死亡率可表示为δ的函数：

$$d(\tau)=(1-\delta)^{\tau},(\tau=0,1,\cdots) \tag{9}$$

$$m(\tau)=d(\tau-1)-d(\tau)=(1-\delta)^{\tau-1}-(1-\delta)^{\tau}=\delta(1-\delta)^{\tau-1}=\delta d(\tau-1),(\tau=1,2,\cdots) \tag{10}$$

将（10）式中的$m(\tau)$代入（7）式，得到几何递减模式下资本品的重置需求：

$$R(t)=\sum_{\tau=1}^{\infty}m(\tau)\times I(t-\tau)=\sum_{\tau=1}^{\infty}\delta d(\tau-1)\times I(t-\tau)=\delta\sum_{\tau=1}^{\infty}d(\tau-1)\times I(t-\tau) \tag{11}$$

由$K(t)=\sum_{\tau=0}^{\infty}d(\tau)\times I(t-\tau)$，可知，

$$K(t-1)=\sum_{\tau=0}^{\infty}d(\tau)\times I(t-\tau-1)=\sum_{\tau=1}^{\infty}d(\tau-1)\times I(t-\tau) \tag{12}$$

比较（11）式和（12）式，可以看出，几何递减模式下资本品的重置需求还可表示为：

$$R(t)=\delta K(t-1) \tag{13}$$

将（13）式中的重置需求代入（6）式，得出几何递减模式下资本存量的测度公式：

$$K(t)=K(t-1)+I(t)-R(t)=I(t)+(1-\delta)K(t-1) \tag{14}$$

（14）式就是经常被用来测度资本存量的公式，进而可以得出测度军事资本的公式（15）：

$$MK(t)=\pi MS(t)+(1-\delta)MK(t-1) \tag{15}$$

$MK(t)$——t年的军事资本；$MS(t)$——t年的国防支出；π——国防支出中用于装备支出的比例，称为军事投资比例；δ——军事资本的折旧率。

当相对效率遵循几何递减模式时，重置率等于折旧率，都等于δ，为一个常数，只有满足这一条件才能推导出公式（15）。在其他效率模式下（单驾马车模式和直线递减模式）重置率并不等于折旧率，而且是一个变量，因而无法推导出测度军事资本的公式（15）。

三、中美日印俄和中国台湾地区军事资本的测度

本文运用永续盘存法，采用公式（15），同时针对各国的具体情况对数据等进行了修正，测度了中国、美国、日本、印度、俄罗斯和中国台湾地区 1979～2005 年的军事资本，并对各国的国防实力（军事资本）做了对比分析。军事资本测度的具体步骤如下：（1）确定国防支出序列；（2）确定军事投资或军事投资比例 π；（3）确定合适的折旧率或重置率 δ；（4）确定价格指数对现行价格的军事投资序列进行缩减以得到一个可比价军事投资序列；（5）确定基期军事资本；（6）将以上有关数据代入（15）式，测度出军事资本序列。

（一）数据

1. 关于国防支出：为了使测度出的军事资本具有可比性，中国、美国、日本、印度、俄罗斯和中国台湾地区的国防支出均采用斯德哥尔摩国际和平研究所 2003 年不变价数据。

2. 军事投资比例 π 的确定：在确定国防支出之后，还需要确定军事投资在国防支出中所占的比例 π 以计算历年的军事投资。在确定军事投资占国防支出的比重时，发现各国差异很大，且同一国家在不同时期的比例也不一样。为更加准确地得到各国军事投资的比重，本文针对各国的不同情况采用了不同的比例。

本文根据国务院发布的《中国的国防》得到军事投资占国防支出的比重，并依据这个比重计算出军事投资比例的平均发展速度为 1.5878%，据此推算出 1952～2005 年历年的军事投资比例；美国军事投资占国防支出的比例直接来自北大西洋公约组织。根据《世

界军事年鉴》整理得到1990～1991年以及1997～2003年日本军事投资占国防支出的比例，这个比例每年都在下降，从1990年的29.6%下降到2003年的15.9%，下降幅度年平均值为4.9%，根据这一数据推算出1992～1996年以及2004～2005年日本军事投资占国防支出的比例；同时，根据库桂生等人的研究，日本1976～1980年军事投资占国防支出的比例由16.4%上升到20.7%①，以这样的发展速度可以得到日本1979年军事投资占国防支出的比例为19.53%；根据1980～1990年军事投资占国防支出的比例的变化，得到1981～1989年日本军事投资占国防支出的比例。关于俄罗斯军事投资占国防支出的比例，我们只能从NATO获得2000～2004年的数据，同时在《世界军事年鉴》获得1989年、1990年以及1998年和2005年的数据分别为48.5%、43.7%、34.06和37.78%。考虑到1979～1990年当时的苏联一直处于冷战状态，此时苏联用于装备的投入相当大，据此可以假定这段时期苏联军事投资占国防支出的比例为45%，1991～1997年以及1999年的数据采用NATO数据的平均值13.38%。有关印度和中国台湾军事投资占国防支出比例的数据很难获得，本文根据《世界军事年鉴》提供的数据计算出印度1989年和1990年的数据分别为37.02和30.49%，印度最近几年明显加大了国防支出开支，1995～2000年印度国防支出开支连续5年以平均21.7%的速度剧增，增长幅度在世界各国中名列前茅，增加的经费主要用于研发和购置新型武器装备，据此本文假定1987～1994年间印度军事投资占国防支出的比例为35%，1995～2005年为45%，1987年之前采用查尔斯·沃尔夫（2000）的25%②；中国台湾地区军事投资占军费的比重采用25%，这和查尔

---

① 库桂生主编：《国防经济效益浅论》，国防大学出版社1988年版。

② Charles Wolf, Jr. Asian Economic Trends and Their Security Implications. The Rand Corporation, 2000.

斯·沃尔夫（1995）采用29%的数据比较接近①。依据以上数据，可以得到1979～2005年各国和地区的军事投资数量。

3. 折旧率δ的确定：采用永续盘存法测算军事资本时，需要确定的一个重要指标就是折旧率。本文严格按照几何递减模式计算出军事资本的折旧率，具体操作如下：假设一项资产的寿命为L，初始价值为K，在寿命结束时残值为S，则残值率$s=\frac{S}{K}$，假设资产价值以δ按照几何形式递减，则有：

$$\begin{aligned}K&=m(\tau)K+S=[m(1)+m(2)+\cdots+m(L-1)]K+S\\&=m(1)K+m(2)K+\cdots+m(L-1)K+S\\&=\delta K+\delta(1-\delta)K+\cdots+\delta(^{1}-\delta)L-1+S\\&=\frac{\delta[1-(1-\delta)^{L}]}{1-(1-\delta)}K+S\end{aligned}\tag{16}$$

由上式得出相对效率遵循几何递减模式时的折旧率：$\delta=1-s^{1/L}$。可见，在几何递减模式下，只要确定了资产的寿命和资产报废时的残值率就能确定折旧率。

本文结合国际惯例，设定军事资产的平均寿命为18年。李京文在对有效的经济折旧率的估算中，参考了《税制改革和资本形成》（Jorgenson，1993）中的相关数据，并推算出设备和建筑物的残值率分别为17%和40%②，本文的残值率采用李京文推算出的设备折旧率17%，进而得到军事资本的折旧率为9.4%。

4. 价格指数的确定：由于采用的是2003年不变美元价，所以不必再采用固定资产投资价格指数对军事投资进行平减。

① Charles Wolf，Jr. Long－Term Economic and Military Trends：1994—2015（The United States and Asia）. The Rand Corporation，1995.

② 李京文、（美）D. 乔根森、郑友敬、（日）黑田昌裕：《生产率与中美日经济增长》，中国社会科学出版社1993年版。

5. 基期军事资本的确定：本文将1979年作为基期，对于基期军事资本存量的确定，本文采用Reinsdorf和Cover（2005）提出的一种改进的模型：$K_0 = I_0 \frac{g+1}{g+\delta}$，$I_0$为初始年（基期）的投资，$\delta$表示折旧率，$g$表示在初始年份之前平均的投资增长率，他们同时证明了这种模型的合理性①。

本文采用各国1979～2005年军事投资的几何平均增长率代替g，折旧率δ均采用9.4%，进而得到中国、美国、日本、印度、俄罗斯和中国台湾1979年基期的军事资本存量分别为190.36、3000.92、344.55、50.09、3560.34和85.11亿美元。

（二）测度

将以上有关数据代入（15）式，得到中国、美国、日本、印度、俄罗斯和中国台湾地区1979～2005年的国防实力（军事资本），见表1。

表1　中美日印俄和中国台湾地区国防实力（军事资本）

单位：亿美元（2003年不变美元价）

年份	中国	美国	日本	印度	俄罗斯	中国台湾地区
1979	190.361	3009.925	344.5502	50.09255	3560.338	85.10592
1980	197.2785	3168.472	355.0529	55.20885	3462.007	88.00997
1981	200.1744	3460.496	369.391	60.76922	3398.523	91.13403
1982	204.1038	3817.065	386.7423	67.45691	3362.832	96.71943
1983	207.7948	4293.287	407.5849	74.91596	3345.796	103.2588

① Reinsdorf and Cover. Measurement of Capital Stocks, Consumption of Fixed Capital, and Capital. Services: Report on a Presentation to the Central American Ad Hoc Group on National Accounts, 2005.

续表

年份	中国	美国	日本	印度	俄罗斯	中国台湾地区
1984	211.8752	4827.183	431.5363	82.37386	3345.841	107.8785
1985	217.2093	5397.187	458.6966	90.03072	3361.992	114.3839
1986	223.4028	5967.776	489.4127	99.56783	3380.09	120.9738
1987	230.0852	6493.389	523.9713	117.3685	3403.731	123.2033
1988	237.5272	6873.154	562.8444	134.1258	3430.46	127.4272
1989	249.0466	7238.369	605.2706	150.078	3423.942	133.951
1990	262.7882	7505.992	650.0512	164.1457	3394.187	140.8766
1991	277.6339	7716.262	673.6689	175.071	3149.486	147.8472
1992	299.7691	7802.761	692.8671	183.8493	2897.735	155.0036
1993	316.3208	7808.369	707.0704	195.0575	2659.253	164.1842
1994	329.6851	7999.38	716.4065	205.1071	2433.956	171.1099
1995	342.2207	8180.051	728.8456	226.507	2224.833	179.9946
1996	358.5204	8266.102	737.7471	247.0203	2033.494	188.2471
1997	374.196	8312.006	737.2391	269.2054	1861.479	196.6809
1998	399.4836	8322.055	736.1433	289.7101	1721.581	203.6549
1999	427.1983	8312.964	735.2825	313.5974	1576.209	206.4643
2000	458.6145	8237.929	734.4731	337.3092	1446.629	207.4147
2001	505.0277	8297.627	734.1372	361.2221	1327.465	208.6817
2002	560.5229	8518.327	733.7465	382.7973	1223.644	208.0606
2003	620.0428	8733.067	732.715	403.9643	1134.522	208.9189
2004	680.7027	9032.197	728.0152	433.7617	1060.275	210.1895
2005	755.2967	9354.761	720.1259	484.7881	1039.947	214.2117
平均值	345.8105	6923.931	608.6514	209.4482	2542.972	155.6884

根据表 1 可以看出，就国防实力的总量而言，除了俄罗斯在 1990 年以后国防实力下降外，其余各国国防实力均呈现上升趋势。其中，美国国防实力在所有国家中占有绝对优势，是中日印俄和中

国台湾国防实力之和的 1.8 倍。在亚洲，虽然俄罗斯在 1990 年以后国防实力呈现下降趋势，但俄罗斯的国防实力在亚洲仍然最强，俄罗斯继承了苏联 70% 的军力，重工业基础雄厚，军事科技发达，军工体系完备独立，对外依赖性很小，拥有很强的武器自主开发能力；但是，冷战结束后其常规国防实力已经大幅衰退，由于经济困难，使得俄军现役的武器装备长时间没有得到更新，俄罗斯庞大的核武库也面临老化和管理不善的问题，到 2005 年俄罗斯与中国和日本的国防实力已经很接近。日本的国防实力在亚洲仅次于俄罗斯，中国位居第三，印度第四，中国台湾地区最少。从总量上看，中国国防实力要落后于美国、俄罗斯和日本等国，中国目前的国防实力仅仅是为了自身经济发展的需要，“中国威胁论”并不成立。

就国防实力的增长速度而言，从表 1 可以看出，中国国防实力的增长速度要强于日本低于印度，介于二者之间，中日印三国国防实力的平均增长速度依次为：5.44%、2.88% 和 9.12%。按照这样的增长速度，到 2005 年中国国防实力已经超过日本，而在 2005 年之前中国国防实力一直低于日本而高于印度。除了俄罗斯，日本国防实力在亚洲占有绝对优势，但由于日本国防实力增长速度要慢于印度和中国，日本的这种优势会逐渐被中国和印度所取代。中国国防实力高于印度，其平均值是印度国防实力平均值的 1.65 倍，但由于印度国防实力增长速度比中国高出 3.7 个百分点，可以预测印度的国防实力在未来几年会超过中国和日本而成为军事大国。中国台湾地区的国防实力较少，在 1998 年之前国防实力的增长速度较快，年几何平均增长率为 4.46%，而 1990 年以后的年几何平均增长率仅为 0.53%。

图 1 反映了中国、美国、日本、印度、俄罗斯和中国台湾地区 1990 年、1995 年、2000 年和 2005 年每个军人所拥有的国防实力（士均国防实力或士均军事资本），自左向右依次表示 1990 年、

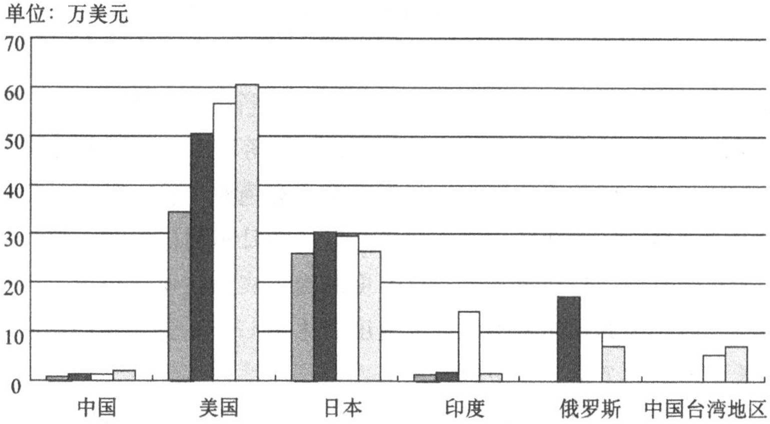

图1　各国和地区士均国防实力（军事资本）

1995年、2000年和2005年的士均国防实力（不包括俄罗斯1990年的士均国防实力以及中国台湾地区1990年和1995年的士均国防实力）。图1显示，中国士均国防实力在所有国家和地区中是最少的，只相当于美国的2.5%，日本的4.5%，印度的27%和中国台湾地区的40%，基于士均国防实力的角度，“中国威胁论”也不成立。美国的士均国防实力最多，日本次之，然后是俄罗斯和印度，中国台湾地区位居第五。虽然中国士均国防实力最少，但中国士均国防实力呈现上升趋势，由1990年的0.75万美元上升到2005年的2.01万美元。美国和中国台湾地区的士均国防实力也呈现上升态势，而俄罗斯士均国防实力呈现下降趋势，日本和印度士均国防实力呈现先上升后下降的趋势。

四、结果与讨论

本文对测度资本的永续盘存法进行了详细论述，并推导出测度军事资本的公式，利用推导出的公式对中国、美国、日本、印度、俄罗斯和中国台湾地区 1979～2005 年的军事资本进行了测度，并对各国的国防实力（军事资本）做了对比分析。通过测度发现，中国国防实力远远落后于美国以及日本俄罗斯等国家，“中国威胁论”并不成立，美国军事资本在所有国家中占有绝对优势，是中日印俄和中国台湾地区国防实力之和的 1.8 倍。而日本的国防实力仅次于美国和俄罗斯，位居第三。虽然印度的国防实力在亚洲位于日本和中国之后，但其国防实力的增长速度高达 9.12%，是日本国防实力增长速度的 3.2 倍，是中国国防实力增长速度的 1.7 倍，按照这样的增长速度，可以预测印度的国防实力在未来几年会超过中国和日本而成为军事大国。中国士均国防实力在所有国家和地区中是最少的，只相当于美国的 2.5%，日本的 4.5%，印度的 27% 和中国台湾地区的 40%，“中国威胁论”并不成立。美国的士均国防实力最多，日本次之，然后是俄罗斯和印度，中国台湾地区位居第五。

为了维护国家的主权独立和领土完整，应科学合理地进行军事投资，在充分考虑中国经济承受力的情况下，逐步增加中国的军事资本存量。我们必须清楚地认识到，中国的国防实力要远远落后于美国等国家，在亚洲国防实力也不及日本，同时印度又在积极发展其国防，与中国和日本的国防实力逐渐在缩小。因此，我们在发展经济的同时，需要适当增加军事投资，努力建设与中国地位相称、与中国发展利益相适应的国防力量，为经济建设提供强有力的国防实力，逐渐缩小与美国、日本等国国防实力的相对差距，依靠强大的国防实力保证中国良好的经济发展环境和国家主权不受侵犯，对中国周边国家和地区构成强大的威慑力量，形成国防战略优势，为中国现代化建设营造长期稳定、安全可靠的国际和平环境。

国防实力视角下军备竞赛实证分析[①]

闫仲勇　　　陈波

Yan Zhongyong　Chen bo

（国防科学技术大学人文与社会科学院　湖南长沙　410074；
中央财经大学国防经济与管理学院　北京　10081）

内容提要： 本文采用1979～2005年中国、美国、日本、印度、俄罗斯和中国台湾地区的国防实力数据，建立了理查森军备竞赛模型、协整模型和格兰杰因果检验模型，分析了中国、美国、日本、印度、俄罗斯、中国台湾地区之间的军备竞赛问题。研究发现，除了俄罗斯和日本可能存在军备竞赛外，其他国家以及中国台湾地区之间并不存在军备竞赛的迹象，国际环境整体比较安全，但这并不能排除部分国家（地区）单方面根据对手的国防实力改变本国（地区）的国防实力，日本和

---

① 此论文已经发表在《世界经济与政治论坛》2012年第2期。

俄罗斯都会随着中国国防实力的增加而提高本国的国防实力，中国却没有因为日本和俄罗斯国防实力的增加而增加国防实力，中国国防实力的增加仅仅是出于维护国家统一和领土完整等方面的需要，并不是为了与其他国家和地区进行军备竞赛，中国没有与其他国家和地区进行军备竞赛，也不会对其他国家和地区构成军事威胁，“中国军事威胁论”的观点并不成立；另外，中国台湾地区的国防实力会根据中国大陆国防实力的变化发生反向变化，从而说明中国大陆与中国台湾地区之间不仅不存在军备竞赛，中国台湾地区反而会从中国大陆的国防实力中获得利益，存在“搭便车”现象，中国大陆的国防实力不仅为大陆同时也为中国台湾地区提供了发展经济的安全保障。

关键词： 国防实力　军备竞赛　协整模型　格兰杰因果检验模型　理查森军备竞赛模型

中图分类号： E0 - 054　　　　**文献标识码：** A

一、引　言

两国之间爆发战争的原因是多种多样的，但是在这众多的原因中，军备竞赛是一个很重要的原因，军备竞赛仍是新世纪对世界和平的重大威胁。所谓军备竞赛是指国家（地区）间争相获得相对于对方的国防实力或武器装备优势的互动动态过程①。军备竞赛一直是国际关系领域的重要问题，为研究各国的军备竞赛情况，需要建立相应的军备竞争模型，其中，理查森军备竞赛模型就是研究军备竞赛最著名的模型之一，也是最有影响的正式模型之一。该模型在理论层面解决了各国存在军备竞赛以及处于均衡状态的条件，但由于缺少国防实力或武器装备方面的数据，关于军备竞赛的实证分析很少，中国与其他国家（地区）之间是否存在军备竞赛，“中国军事威胁论”是否成立；世界主要国家（地区）之间是否存在军备竞赛，中国经济建设的国际环境是否稳定，这些问题的研究均需要对各国（地区）之间的军备竞赛进行定量分析。为此，本文采用1979～2005年中国、美国、日本、印度、俄罗斯和中国台湾地区的国防实力的数据（见表1）②，在理查森军备竞赛模型的基础之上，通过建立协整模型和格兰杰因果检验模型得到一个改进的理查森线性动态模型，并采用这个改进的模型结合理查森军备竞赛模型研究了中国、美国、日本、印度、俄罗斯和中国台湾地区之间的军备竞赛情况，同时验证了存在军备竞赛的国家（地区）是否具有稳定状态。

① （美）托德·桑德勒、（英）基斯·哈特利著，姜鲁鸣等译：《国防经济学手册》第2卷，经济科学出版社2011年版。

② 数据测算见：闫仲勇、陈波：《基于永续盘存法的国防实力测度与国际比较》，《世界经济与政治论坛》2011年第2期。

二、理论假设和数据分析

本文在建立军备竞赛模型时，做出以下理论假设：第一，只从总的国防实力上分析军备竞赛，不涉及具体的军备竞赛，例如，核竞赛、太空竞赛等。第二，只考虑两国（地区）之间的军备竞赛情况，不涉及军事联盟间的军备竞赛问题。第三，利用一国（地区）国防实力变化对另外国家（地区）国防实力变化的反应来说明两国（地区）之间的军备竞赛，只有在两国（地区）国防实力变化存在正的双向关系，即回归系数均为正且显著的情况下，两国（地区）之间才存在军备竞赛关系。

由于是时间序列，在回归之前需要分析数据的平稳性，本文利用 ADF 和 PP 检验[①]，对各变量进行了单位根检验，结果见表 1 和表 2。为消除异方差性，本文对中国、美国、日本、印度、俄罗斯和中国台湾地区国防实力取指数对数，分别记为 *LCH*、*LAM*、*LJP*、*LIN*、*LRU* 和 *LTW*，一阶差分后的数据分别记为 *DLCH*、*DLAM*、*DLJP*、*DLIN*、*DLRU* 和 *DLTW*，二阶差分分别记为 *DDLCH*、*DDLAM*、*DDLJP*、*DDLIN*、*DDLRU* 和 *DDLTW*。

通过 ADF 和 PP 单位根检验可以看出，中美日印俄和中国台湾地区的国防实力的原始值取对数之后均为二阶差分平稳序列，一阶差分后的序列均存在一个单位根，都为一阶单整序列 I（1），从而说明各一阶差分后的序列（即国防实力的变化）可能存在协整关系，故可做协整分析。本文采用 Engle - Granger 两步法进行了各国

---

① 高铁梅主编：《计量经济分析方法与建模——EViews 应用及实例》（第二版），清华大学出版社 2009 年版。

表1　　国防实力的 ADF 单位根检验结果

变量名	检验类型	ADF		是否平稳
		数值	概率	
LCH	(*c*, *t*, 1)	-0.2645	0.9872	不平稳
LAM	(*c*, *t*, 5)	-1.0283	0.9165	不平稳
LJP	(*c*, *t*, 1)	-2.2646	0.4364	不平稳
LIN	(*c*, *t*, 1)	-2.3115	0.4131	不平稳
LRU	(*c*, *t*, 2)	-3.0889	0.1312	不平稳
LTW	(*c*, *t*, 1)	-0.6346	0.9674	不平稳
DLCH	(*c*, *t*, 0)	-2.7827	0.2158	不平稳
DLAM	(*c*, *t*, 0)	-1.4424	0.8222	不平稳
DLJP	(*c*, *t*, 0)	-2.5367	0.3094	不平稳
DLIN	(*c*, 0, 0)	-2.1323	0.2345	不平稳
DLRU	(*c*, *t*, 0)	-0.3807	0.9826	不平稳
DLTW	(*c*, *t*, 0)	-2.8605	0.1909	不平稳
DDLCH	(0, 0, 0)	-5.0046	0	平稳
DDLAM	(0, 0, 0)	-3.9125	0.0004	平稳
DDLJP	(0, 0, 0)	-3.3988	0.0016	平稳
DDLIN	(0, 0, 0)	-4.3908	0.0001	平稳
DDLRU	(0, 0, 0)	-2.847	0.0064	平稳
DDLTW	(0, 0, 0)	-5.3511	0	平稳

注：(*c*, *t*, *p*) 分别代表常数项、时间趋势项和滞后阶数。滞后阶数根据 SIC 原则选择。

(地区) 国防实力变化之间的协整分析①，变量 *DLCH* 分别对变量 *DLAM*、*DLJP*、*DLIN*、*DLRU* 和 *DLTW* 进行回归后的残差依次记为 *CH*-*AM*、*CH*-*JP*、*CH*-*IN*、*CH*-*RU* 和 *CH*-*TW*，同理，可得到残差 *AM*-*CH*、*AM*-*JP*、*AM*-*IN*、*AM*-*RU*、*AM*-*TW*、*JP*-*CH*、

① 为消除序列相关性，在回归过程中采用了广义最小二乘法 (GLS)。

JP-AM、*JP-IN*、*JP-RU*、*JP-TW*、*IN-CH*、*IN-AM*、*IN-JP*、*IN-RU*、*IN-TW*、*RU-CH*、*RU-AM*、*RU-JP*、*RU-IN*、*RU-TW*、*TW-CH*、*TW-AM*、*TW-JP*、*TW-IN*和*TW-RU*，总共得到30个残差，对这30个残差进行单位根检验，结果见表3①。

表2　　　　国防实力的PP单位根检验结果

变量名	检验类型	PP检验		是否平稳
		数值	概率	
LCH	(c, t, 2)	1.1005	0.9998	不平稳
LAM	(c, t, 3)	-1.7256	0.7106	不平稳
LJP	(c, t, 3)	0.2817	0.9974	不平稳
LIN	(c, t, 2)	-1.2943	0.8668	不平稳
LRU	(c, t, 2)	-1.3735	0.8448	不平稳
LTW	(c, t, 2)	0.981	0.9997	不平稳
DLCH	(c, t, 1)	-2.8442	0.1959	不平稳
DLAM	(c, t, 3)	-2.0513	0.5463	不平稳
DLJP	(c, t, 2)	-2.5086	0.3214	不平稳
DLIN	(c, 0, 1)	-2.2436	0.197	不平稳
DLRU	(c, t, 2)	-0.9306	0.9362	不平稳
DLTW	(c, t, 2)	-2.8051	0.2084	不平稳
DDLCH	(0, 0, 0)	-5.0046	0	平稳
DDLAM	(0, 0, 0)	-3.9125	0.0004	平稳
DDLJP	(0, 0, 0)	-3.3988	0.0016	平稳
DDLIN	(0, 0, 0)	-4.3908	0.0001	平稳
DDLRU	(0, 0, 1)	-2.7755	0.0076	平稳
DDLTW	(0, 0, 5)	-5.4811	0	平稳

注：(c, t, q) 分别是常数项、时间趋势项和带宽。核函数采用Barlett形式，带宽采用Newey-West带宽。

① 本文只给出PP检验结果，ADF检验得出和PP检验相同的结论。

表 3　　残差的 PP 单位根检验结果

变量名	检验类型	PP 检验		是否平稳
		数值	概率	
CH - AM	(0, 0, 1)	-3.7635	0.0006	平稳
CH - JP	(0, 0, 0)	-3.5512	0.0011	平稳
CH - IN	(0, 0, 0)	-3.7926	0.0006	平稳
CH - RU	(0, 0, 1)	-2.7013	0.0092	平稳
CH - TW	(0, 0, 2)	-4.678	0.0001	平稳
AM - CH	(0, 0, 0)	-5.3404	0	平稳
AM - JP	(0, 0, 1)	-3.7877	0.0006	平稳
AM - IN	(0, 0, 0)	-3.8395	0.0005	平稳
AM - RU	(0, 0, 1)	-3.4663	0.0013	平稳
AM - TW	(0, 0, 1)	-4.8886	0	平稳
JP - CH	(0, 0, 1)	-5.4601	0	平稳
JP - AM	(0, 0, 0)	-4.1502	0.0002	平稳
JP - IN	(0, 0, 0)	-3.6918	0.0007	平稳
JP - RU	(0, 0, 1)	-1.7083	0.0826	平稳
JP - TW	(0, 0, 1)	-4.5227	0.0001	平稳
IN - CH	(0, 0, 0)	-5.2033	0	平稳
IN - AM	(0, 0, 2)	-4.0365	0.0003	平稳
IN - JP	(0, 0, 1)	-3.6843	0.0007	平稳
IN - RU	(0, 0, 2)	-4.2315	0.0002	平稳
IN - TW	(0, 0, 1)	-4.8229	0	平稳
RU - CH	(0, 0, 1)	-5.3832	0	平稳
RU - AM	(0, 0, 1)	-4.3837	0.0001	平稳
RU - JP	(0, 0, 3)	-2.3851	0.0194	平稳
RU - IN	(0, 0, 0)	-4.4191	0.0001	平稳
RU - TW	(0, 0, 1)	-4.7552	0	平稳
TW - CH	(0, 0, 1)	-5.4512	0	平稳
TW - AM	(0, 0, 1)	-4.0187	0.0003	平稳
TW - JP	(0, 0, 0)	-3.5627	0.001	平稳
TW - IN	(0, 0, 1)	-3.9057	0.0004	平稳
TW - RU	(0, 0, 1)	-2.8231	0.0068	平稳

三、军备竞赛实证分析

根据以上假设条件和相关数据的分析，本文利用国防实力变化方面的有关数据，检验了中国、美国、日本、印度、俄罗斯和中国台湾地区之间的军备竞赛。从表 1 和表 2 中可以看出，*DLCH*、*DLAM*、*DLJP*、*DLIN*、*DLRU* 和 *DLTW* 都是一阶单整序列，表 3 表明这些变量相互之间存在协整关系，因而可以建立回归方程。由于数据的缺乏以及苏联解体等实际情况，本文没有考虑苏联解体之前的情况，只分析了 1990 年以后俄罗斯的军备竞赛情况，回归结果见表 4①。

由于是时间序列，每个回归方程的拟合度都很高，R^2 和调整后的 R^2 都在 0.6 以上，*DW* 值在 1.8 ~ 2.2 之间。在 *DLRU*2（1990 年以后俄罗斯国防实力取对数之后的一阶差分数据）对 *DLJP* 的回归方程中②，结果对时间的选取比较敏感，为便于比较，本文列出了两个回归结果，其中当采用 1991 ~ 2004 年数据时③，回归得到的系数为 -0.4201，但这个系数并不显著。当采用 1990 ~ 2004 年数据时，系数为 1.6182，并在 1% 的显著性水平下拒绝了原假设。

由表 4 可以看出，1990 ~ 2004 年期间，在日本和俄罗斯之间的回归方程中，回归系数均为正，且十分显著，进而表明在这段期间日本和俄罗斯之间很可能存在军备竞赛，但是若采用 1991 ~ 2004

---

① 为消除序列相关性，在回归过程中采用了广义最小二乘法（GLS）。

② 1979 ~ 1990 年前苏联的国防实力与 1990 年后俄罗斯的国防实力相比，发生了较大转折，为了保持数据的一致性，本文只考虑 1990 年后俄罗斯的国防实力（*DLRU*2）。其中，*DLRU*2 和其他变量之间也存在协整关系。

③ 之所以没有采用 2005 年的数据是因为 2005 年数据产生较强的序列相关性。

年的数据，只能得出日本会随着俄罗斯国防实力的增加而增加本国国防实力的结论，并不能得出俄罗斯会随着日本国防实力的增加而增加本国国防实力的结论，进而表明 1991 ~2004 年期间日本和俄罗斯之间不存在军备竞赛。可见，日本和俄罗斯之间是否存在军备竞赛和样本的选取有很大关系。

表 4　中美日印俄和中国台湾军备竞赛分析

自变量 / 系数（t 值）/ 因变量	*DLCH*	*DLAM*	*DLJP*	*DLIN*	*DLRU2*	*DLTW*
DLCH	—	-0.2272 (-1.1884)	0.1406 (0.9200)	-0.1148 (-1.5558)	0.1784 (0.8459)	0.02690 (0.3330)
DLAM	-0.3637 (-1.0225)	—	0.4387 (1.1926)	0.0064 (0.0650)	0.1695 (0.9923)	0.0288 (0.1603)
DLJP	0.1742 (2.3079)**	-0.0844 (-0.8189)	—	0.0675 (1.2092)	0.3044 (2.5609)**	0.0402 (0.5354)
DLIN	-0.3634 (-1.3560)	0.3652 (2.6465)**	0.4889 (1.4777)	—	0.5908 (2.4720)**	-0.1966 (-0.3319)
DLRU2	0.1851 (2.7220)**	0.0630 (0.5058)	-0.4201 或 1.6182 (-1.6853)或(3.7021)***	0.5571 (1.2549)	—	-0.0974 (-1.6385)
DLTW	-0.4088 (-2.6543)**	0.1037 (0.7095)	0.3255 (1.4810)	-0.1049 (-0.5306)	0.0936 (0.7799)	—

注：** 和 *** 分别表示在 5% 和 1% 的显著性水平下拒绝原假设。

表 4 中的回归结果表明，除了日本和俄罗斯之间可能存在军备竞赛外，其他国家以及中国台湾地区之间没有在国防实力方面相互攀比，竞相增加国防实力，并不存在军备竞赛。但并不排除这段时期部分国家（地区）单方面根据对手的国防实力改变本国（地区）的国防实力，从表 4 中可以发现，日本和俄罗斯都会根据中国国防实力的情况来改变本国的国防实力，由于回归系数都为正数并且比

较显著，所以可以预见，当中国国防实力增加时，日本和俄罗斯的国防实力也会随之增加，但中国却没有因为日本和俄罗斯国防实力的增加而增加国防实力。可见，作为发展中国家的中国，坚定不移地走和平发展的道路，中国国防实力的增加仅仅是出于维护国家统一和领土完整等方面的需要，并不是为了与其他国家和地区进行军备竞赛，中国没有与其他国家和地区进行军备竞赛，也不会对其他国家和地区构成军事威胁，“中国军事威胁论”的观点并不成立。

值得一提的是，美国在这一时期成为唯一的军事大国，相对其他国家（地区）具有绝对的军事优势，所以美国并没有根据其他国家（地区）国防实力的情况来调整本国国防实力，而印度为了和美国等国家争夺在亚洲的军事地位，其国防实力会随着美国国防实力的调整做出相应变化。由表5还可以看出，虽然印度也会根据俄罗斯的国防实力情况进行调整，但这种调整并不是为了和俄罗斯进行军事竞争，而是由于俄罗斯是印度武器装备的主要进口国，当俄罗斯的国防实力雄厚时，印度便会有更多的机会从俄罗斯获得更多先进的武器装备。

研究进一步发现，中国台湾地区的国防实力会根据中国大陆国防实力的变化发生相应变化，但这种变化是反向变化，从而说明，中国大陆和中国台湾地区之间不仅不存在军备竞赛，中国台湾地区反而会从中国大陆国防实力中获得利益，存在“搭便车”的现象，中国大陆的国防实力不仅为大陆同时也为中国台湾地区提供了发展经济的安全环境。

为了进一步验证以上结论，本文采用了格兰杰因果检验进行了验证①。结果见表5。

---

① 本文只提供了有显著关系国家（地区）间格兰杰因果检验结果，没有显著关系国家之间不存在格兰杰因果关系。

表 5　　格兰杰因果检验结果

原假设	F－统计量	概率值	滞后阶数	结论
DLJP 不是 *DLCH* 的格兰杰原因	0.2035	0.6563	1	*DLJP* 不是 *DLCH* 的格兰杰原因
DLCH 不是 *DLJP* 的格兰杰原因	6.0144	0.0226	1	*DLCH* 是 *DLJP* 的格兰杰原因
DLRU2 不是 *DLCH* 的格兰杰原因	0.8552	0.6275	6	*DLRU* 不是 *DLCH* 的格兰杰原因
DLCH 不是 *DLRU2* 的格兰杰原因	8.4752	0.1000	6	*DLCH* 是 *DLRU* 的格兰杰原因
DLJP 不是 *DLRU2* 的格兰杰原因	9.2343	0.0103	1	*DLJP* 是 *DLRU* 的格兰杰原因
DLRU2 不是 *DLJP* 的格兰杰原因	9.0924	0.0108	1	*DLRU* 是 *DLJP* 的格兰杰原因
DLRU2 不是 *DLIN* 的格兰杰原因	0.8150	0.6425	6	*DLRU* 不是 *DLIN* 的格兰杰原因
DLIN 不是 *DLRU2* 的格兰杰原因	5.6140	0.1589	6	*DLIN* 不是 *DLRU* 的格兰杰原因
DLTW 不是 *DLCH* 的格兰杰原因	1.8887	0.1832	1	*DLTW* 不是 *DLCH* 的格兰杰原因
DLCH 不是 *DLTW* 的格兰杰原因	3.6845	0.0680	1	*DLCH* 是 *DLTW* 的格兰杰原因
DLAM 不是 *DLIN* 的格兰杰原因	5.3372	0.0306	1	*DLAM* 是 *DLIN* 的格兰杰原因
DLIN 不是 *DLAM* 的格兰杰原因	1.6893	0.2072	1	*DLIN* 不是 *DLAM* 的格兰杰原因

注：滞后阶数根据 AIC、SIC、LR、HQ 等统计量给出。

表 4 和表 5 的结论除了俄罗斯和印度之间的关系不一致外，其余基本一致。表 4 的结果显示俄罗斯国防实力的变化能引起印度国防实力的变化，而在表 5 中却不能得出类似的结论。表 5 的结果表明印度和俄罗斯的国防实力变化之间并不存在格兰杰因果关系，但显示日本和俄罗斯的国防实力变化存在双向因果关系，从而说明日本和俄罗斯之间很可能存在军备竞赛。为进一步验证这种结论，并得出军备竞赛的稳定状态，本文采用了理查森军备竞赛模型进行了验证。

理查森模型可以用国防实力的变化来表示①，令 $m(t)$ 表示甲国的国防实力，$n(t)$ 表示乙国的国防实力，dm/dt 和 dn/dt 分别表示 $m(t)$ 和 $n(t)$ 的变化率。dm/dt（dn/dt）取决于三个独立的因素：第一个因素称为防务因素，即乙国（甲国）的国防实力 $n(t)$（$m(t)$），敌对国的国防实力对本国国防实力的变化率具有正向关系，表示保卫自己抵抗对手的需要；第二个因素是疲劳因素，即甲

① 姜鲁鸣主编：《现代国防经济学》，中国财政经济出版社 2007 年版。

国（乙国）国防实力 $m(t)$（$n(t)$），该因素对 dm/dt（dn/dt）具有负向影响；第三个因素称为委屈因素，表示所有影响 dm/dt（dn/dt）的其他因素。那么理查森模型可表示为：

$$\begin{cases} \dfrac{dm}{dt} = Kn - \alpha m + g \\ \dfrac{dn}{dt} = Lm - \beta n + h \end{cases} \tag{1}$$

其中，g 和 h 表示委屈项，其符号可正可负，K、α、L、β 均为正数。在一个动态过程的均衡点上，国防实力的变化率为 0，即 $dm/dt = dn/dt = 0$ 时，从而得到甲国对乙国的反应函数：$n = \dfrac{\alpha m - g}{K}$ 和乙国对甲国的反应函数：$m = \dfrac{\beta n - h}{L}$，见图 1。利用以上两个反应函数可以得出：如果 g 和 h 均为正数，且 $\alpha\beta - LK > 0$，则存在一个均衡点（点 A），也就是说军备竞赛存在稳定状态，而不至于无限持续下去并最终爆发战争。在稳定状态下，甲国和乙国的国防实力分别为：$m = \dfrac{\beta g + hK}{\alpha\beta - LK}$，$n = \dfrac{\alpha h + gL}{\alpha\beta - LK}$。

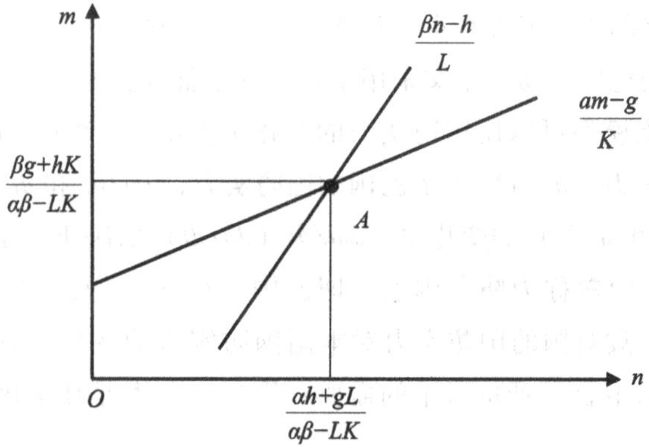

图 1　两国国防实力之间的反应函数图

采用 ADF 和 PP 单位根方法可以验证 1991 ~ 2004 年间序列 *DLJP* 和 *DLRU2* 以及序列 *LJP* 和 *LRU2*（1990 年以后俄罗斯国防实力取对数之后的数据）均为一阶单整序列，采用 Engle - Granger 两步法检验发现 *DLJP* 和 *LRU2*、*LJP* 之间以及 *DLRU2* 和 *LJP*、*LRU2* 之间存在协整关系，故可以建立如下理查森竞赛模型[①]：

$$DLJP = 1.2837 + 0.02112LRU2 - 0.2178LJP \quad (2)$$

(2.8603)　　(4.2611)　　(−2.9558)

$R^2 = 0.9239$，调整后的 $R^2 = 0.91$，$DW = 1.5773$

$$DLRU2 = 1.8815 - 0.2732LJP - 0.02212LRU2 \quad (3)$$

(5.1983)　　(−5.4136)　　(−4.8043)

$R^2 = 0.7$，调整后的 $R^2 = 0.6406$，$DW = 1.5609$

括号内的数值为 t 值，通过 t 值可知所有变量和常数前的系数均不等于 0。与理查森理论模型比较，发现除了方程（3）中 *LJP* 前的系数符号为负外，其余变量前的系数符号均符合理查森模型的假设。但由于 *LJP* 前的系数符号为负，说明日本国防实力的增加不能引起俄罗斯国防实力的增加，也就说明他们之间不存在军备竞赛。我们可以把条件放宽，即允许 *LJP* 前的系数符号为负，由于 $g = 1.2837$ 和 $h = 1.8815$ 均为正数，$\alpha\beta - LK = (-0.2178) \times (-0.02212) - (-0.2732) \times 0.02112 = 0.01059 > 0$，所以，即便日本和俄罗斯之间存在军备竞赛，也会达到一种稳定的状态，而不会持续进行下去。可以验证，在稳定状态下，日本和俄罗斯的国防实力均为正数。

① 之所以没有采用 2005 年的数据是因为 2005 年数据产生较强的序列相关性。1990 ~ 2004 年的数据与 1991 ~ 2004 年的数据得出的结论一致。

四、结果与讨论

本文采用中国、美国、日本、印度、俄罗斯和中国台湾地区1979~2005年的国防实力数据，建立了理查森军备竞赛模型、协整模型和格兰杰因果检验模型，分析了20世纪80年代以来的中国、美国、日本、印度、俄罗斯和中国台湾地区之间的军备竞赛问题。研究发现，除了俄罗斯和日本可能存在军备竞赛外，其他国家以及中国台湾地区之间并不存在军备竞赛的迹象，国际环境整体比较安全，但这并不能排除部分国家（地区）单方面根据对手的国防实力情况来改变本国（地区）的国防实力，例如，日本和俄罗斯都会根据中国国防实力的情况来改变本国的国防实力，当中国国防实力增加时，日本和俄罗斯的国防实力也会随之增加，但中国却没有因为日本和俄罗斯国防实力的增加而增加国防实力。可见，中国坚定不移地走和平发展道路，并没有搞军事扩张和军备竞赛，不会对其他国家和地区国家构成军事威胁，“中国军事威胁论”的观点并不成立，现阶段中国积极推进国防现代化并非是出于军备竞赛的考虑，而是适应世界新军事变革发展的趋势，也是维护国家安全和发展利益以及维护祖国统一和领土完整的需要。而印度为了争当世界军事强国，和美国等国家争夺在亚洲的军事地位，以便保持和发展一支地区进攻性军事力量，其国防实力随着美国国防实力的调整做出相应变化。中国台湾地区的国防实力会根据中国大陆国防实力的变化发生反向变化，从而说明中国大陆和中国台湾地区之间不仅不存在军备竞赛，中国台湾地区反而从中国大陆国防实力中获得利益，存在“搭便车”现象，中国大陆的国防实力不仅为大陆同时也为中国台湾地区提供了发展经济的安全环境。

总体而言，中国经济建设的外部环境相对稳定，短时间内不会存在军备竞赛和大规模战争，因而，中国仍然要以经济建设为中心，转变经济发展方式，继续保持经济又好又快发展。但同时也要看到，中国仍然和印度、日本等国家存在领土和领海争端，还是当今世界唯一一个没有实现统一的大国，为了维护国家安全和发展利益以及维护祖国统一和领土完整，中国需要继续坚持防御性的国防政策，在经济不断发展的基础之上，逐步提高中国国防实力，建设与大国地位相称、与国家安全和发展利益相适应的强大国防力量。

论军事资本测度[①]

闫仲勇
Yan Zhongyong

（国防科学技术大学人文与社会科学学院　湖南长沙　410074）

内容提要：为准确反映一国的军事实力，确定各国军事实力在国际中的地位，制定衡量军事实力的标准，需要对军事资本进行测度。目前测度军事资本的方法主要有库珀和查尔斯·罗伯特的资本成本指数法、希尔德布兰特的生产能力法、永续盘存法等，但是各种方法都存在不同程度的不足，要对军事资本进行准确的测度，必须结合各个国家军事的不同情况细化测算过程中各种参数，使其在数据上更加有力地对各国的军事实力进行评价。

① 此论文已经发表在《军事经济研究》2011 年第 3 期。

关 键 词：军事资本　测度方法　理论分析　实证分析

中国分类号：E0－054　　　　**文献标识码**：A

一、引　　言

如何衡量一国的军事实力是一个具有重大现实意义的课题。为此，世界许多机构和公司对军事实力进行了分析，例如，英国的《简氏防务周刊》、美国的《国际防务周刊》、兰德公司等。在国内也有许多知名学者包括胡鞍钢、张召忠等对中国军事实力进行了评估。然而，无论是国内还是国外，相关研究多数是从国防费或者某几种单独的武器或者从海陆空人员数量对一国的军事实力进行评估排名的。比如，2008 年英国《简氏防务周刊》公布的 2008 年世界最新军力排名，美国排名第一，中国排第四。美国主要因其军事科技和军费开支均居世界第一，是世界军事理论变革的领头羊。中国之所以位居第四，是因为中国决策层逐步加大军费投入，引进大量先进的军事技术和装备，并且成果显著。显然只从某一个或几个方面评估一国军事实力的做法不能全面综合地反映一国军事实力，具有很大的局限性。由于缺乏准确衡量国家军事实力的统一标准，因而到目前为止，有关各国军事实力众说纷纭，不仅无法对各国的总体军事实力进行比较，更不能准确指出各国军事实力在国际中的地位。

军事资本能从总体上反映军事实力，是一国军事实力的象征，能作为衡量军事实力的标准，因而对军事资本进行测度就成为研究军事实力的关键所在。相对于一般资本而言，关于军事资本的研究较晚，对其定义的分析也远远滞后于一般资本。G. 希尔德布兰特在 1980 年发表的《军事资本的经济效果》的文章中，第一次阐述了军事资本的定义和测度问题。他指出所谓军事资本就是军事部门所拥有的所有实物资产的总货币价值，这些资产包括：军事装备

（military equipment）、军事机构（military facilities）以及作为存货的军火，所有这些资产都是用于军事生产力中的耐用投入。这些资产并不是在获得时就全部消耗掉，而是在整个服务年限内都将继续提供军事利益。国内专家胡鞍钢等（2003）认为一国国防部门可用的资源总量，主要包括国防（军事）物质资本（简称国防资本）和国防（军事）人力资本两部分。国防资本是一个存量概念，指用于国防基础设施或武器装备，包括 R&D 的投入总量，并按较高折旧率计算，它反映一个国家国防武器装备技术等方面的资源总量。国防人力资本是指一国军人的数量和质量，即他们的平均受教育程度①。实际上，G. 希尔德布兰特有关军事资本的定义主要是从军事物质资本的角度出发的。目前，有关国防（军事）人力资本的研究已经比较成熟，而有关国防（军事）物质资本的研究尤其是其测度问题还不完善，本文有关军事资本的介绍主要基于军事物质资本（简称军事资本），力图对军事资本测度问题进行梳理，为以后更准确地研究军事资本的相关问题提供参考。

二、军事资本测度的理论分析

（一）库珀和查尔斯·罗伯特的资本成本指数理论

1974 年，库珀（Cooper）和查尔斯·罗伯特（Charles Robert Roll）在构建军事生产函数时，提出了测度军事资本的成本指数理论，他们认为军事资本可以用成本指数来表示，而成本指数可表示

① 胡鞍钢、刘涛雄：《国防建设大大滞后于经济建设：从国防资本存量占全国总量比重看国防能力变化（1952～2001）》，《中国国防经济》2003 年第 2 期。

为资本存量折旧率、借贷成本和军事采办相对价格的函数，具体计算公式如下[①]：

$$r_t = (d_t + i_t) P_t \tag{1}$$

其中，r_t 为时间 t 时的资本成本指数；d_t 为时间 t 时资本存量的折旧率；i_t 为时间 t 的借贷成本；P_t 为时间 t 的军事采办的相对价格指数。

（二）希尔德布兰特的生产能力理论

G. 希尔德布兰特在 1980 年提出了军事资本测度的两种理论方法。一是军事资本的瞬时生产能力 K_I，这种测度概述了军事资本在某一时点上提供的服务价值。第二种方法是军事资本的长期生产能力 K_L。因为军事部门的实物资产是耐用品，所以它们会在一段时期内能提供利益。K_L测度的就是军事部门实物资产在其剩余年限内提供的净收益[②]。

1. 瞬时生产能力。为测度军事资产瞬时生产能力，首先测度一类资产的总军事效率。假设在时间 v，假定有 $N(v)$ 单位的资产。$N(v)$ 单位役龄（指正在使用的资本品已经使用的年限时间）为 v 的军事资产在时间 t 的总军事效率为 $h(q)\Phi(t-v)N(v)$。其中，$h(q)$ 称为军事效用函数，测度了使用年限相同但质量不同的资产的相对效率；$\Phi(t-v)$ 被称为退役函数，度量了随着使用年限的增长军事资产的相对效率。通过加总不同资产的总军事效率就可以计算出军事资本的数值 $K_p(t)$：

---

① Cooper, R. and Roll, C. The Allocation of Military Resources: Implications for Capital-Labour Substitution. The RAND Corporation, 1974.

② GREGORY G. HILDEBRANDT. The Economics of Military Capital. The RAND Corporation, 1980.

$$K_p(t) = \int_{t-\xi}^{t} h(q(v))\Phi(t-v)N(v)dv \quad (2)$$

ξ 表示每项资产的服务年限。

在确定 $K_p(t)$ 之后，就可以确定瞬时生产能力 $K_I(t)$：

$$K_I(t) = B(t)K_p(t) \quad (3)$$

$B(t)$ 为获取额外一单位军事效率的货币价值。

2. 长期生产能力。为确定军事资本的长期生产能力，需要确定每项军事资产在剩余年限内所产生净利润的货币价值。这种货币价值是在获取耐用资产时所花费的总额，称为需求价格 P^d，在数值上等于军事资产剩余年限内的军事毛利润扣除维持和修理费后的贴现值。军事资产的长期生产能力 $K_L(t)$：

$$K_L(t) = \int_{t-?}^{t} P^d[q(v),t,t-v]N(v)dv \quad (4)$$

（三）希尔德布兰特的军事资本的服务价值和财富价值理论

1990 年，希尔德布兰特在国防经济杂志（Defence Economics）上又提出了军事资本的服务价值和财富价值的观点，他提出了以货币形式测度军事价值的体系，并区别了两种军事资本的测度方法：军事资本的服务价值和财富价值①。

1. 军事资本的服务价值。军事资本的服务价值概述了军事防御资产在特定年份的价值，军事资本的服务价值的测度反映了来自军事装备的威慑力和潜在的作战收益，也就是某年中从全部军事资产存量中获得的服务。

希尔德布兰特以美国和苏联 1970～1984 年战斗机的资本服务

① GREGORY G. HILDEBRANDT. SERVICES AND WEALTH MEASURES OFMILITARYCAPITAL（Measures of Military Capital）. Defence Economics，1990，(1).

价值为例，详细阐述了军事资本的服务价值理论。具体过程如下：假设有两种类型的轮船，S_1 和 S_2，具有相同的服务年限。同样有两种类型的飞机：P_1 和 P_2，假定服务年限也相同。但轮船和飞机的服务年限不同。首先，计算两种军事装备的存货价值。存货价值是在军事防御机构作战订单中的军事装备的成本。用 Cs_1 和 Cs_2 分别代表两种轮船在某年的采办成本价格，Ns_1 和 Ns_2 分别表示某一年两种轮船的存货数量，那么轮船的存货价值 Is 等于这些资产的总成本。飞机的存货价值 Ip 也可以类似计算，只是用 Cp_1，Cp_2，Np_1 和 Np_2 表示两种飞机在某年的采办成本价格和存货数量。对于这两种资产，有以下关系：

$$\begin{aligned} Is &= Cs_1Ns_1 + Cs_2Ns_2 \\ Ip &= Cp_1Np_1 + Cp_2Np_2 \end{aligned} \tag{5}$$

存货价值测度的是在整个服务年限军事资产存量提供的加总利益。因为两种资产的服务年限不同，所以不能利用这种价值信息来比较两种军事投入的规模。为了便于比较，需要利用军事资本的服务价值 Ka。因此需要利用一美元采办成本的年度利润（B）对存货价值进行加权。轮船和飞机一额外美元采购成本的利润分别为：Bs 和 Bp，则

$$Ka = BsIs + BpIp \tag{6}$$

2. 军事资本的财富价值。军事资本的财富价值概述了军事资产在整个剩余服务年限内获得的军事利润，并随着资产使用年限计提折旧。绝大多数资本财富价值的估计采用直线折旧法，计算过程如下：当资产是全新资产时，以资产采购成本计入资本存量。每年用服务年限除以资产成本作为折旧率对资产计提折旧。因此，每年的折旧率不变。当资产退役时，它在资本存量上的价值减为零。

三、军事资本测度的实证分析

（一）希尔德布兰特的军事资本的服务价值和财富价值测度

希尔德布兰特依据军事资本服务价值理论，运用公式（5）、公式（6），对1970～1984年美苏两国战斗机的服务价值进行了实际测度。图1反映了1970～1984年两国战争订单的战斗机数量变化趋势。将苏联分为两种情形进行讨论。情形1“苏联”，包括了苏联所有的战斗机。1970～1984年，美国战斗机的年增长率大约为1%，而苏联每年的增长率都超过3%。情形2“苏联Alt”，不包括1983年前属于单独战略空军防御种类的战斗机。但1983年随着苏联战略战术空军以及空军防御资产的改编，又重新成为战斗机中的一部分。同样，战场和反地面轮船轰炸机也排除在苏联Alt中。

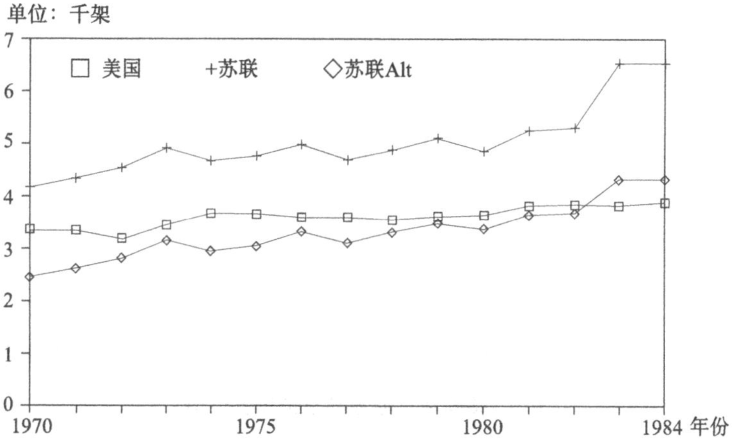

图1　美国和苏联战斗机数量

将作战订单数据以及每种飞机的采办成本，代入方程（5），得到美国和苏联战斗机的存货价值，结果见图2。图3比较了美国和苏联战斗机的服务价值，由图3可以得到，美国战斗机的服务价值每年平均增长4%，而苏联的增长率超过7%。

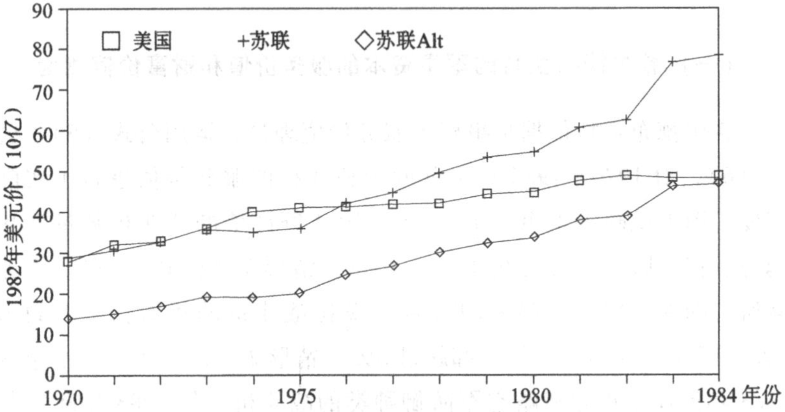

图2　美国和苏联战斗机存货价值

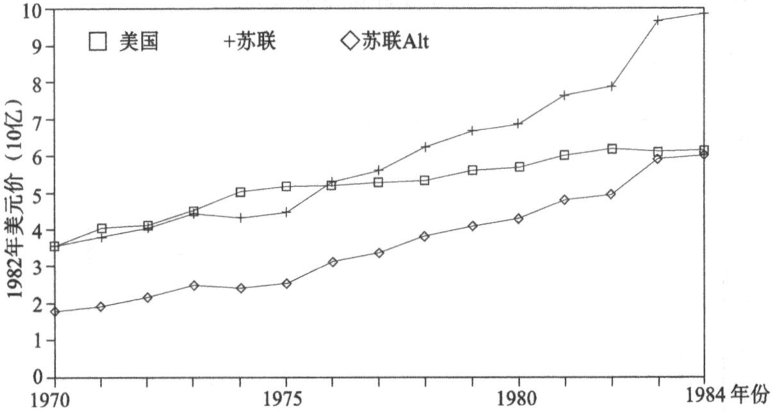

图3　美国和苏联战斗机的服务价值

有关军事资本财富价值的测度，希尔德布兰特并没有给出测度的具体数值，只是阐述了测度的方法。

（二）查尔斯·沃尔夫的永续盘存法

查尔斯·沃尔夫（Charles Wolf）在1989年首次采用了乔根森改善后的永续盘存法估算了15个国家和地区1950～2010年的军事资本存量数值①。当时，沃尔夫虽然没有明确提出永续盘存法的概念和相关理论，但其计算军事资本存量的方法、步骤和永续盘存法一致。他提出了测算军事资本的公式：

$$MK(t) = \pi MS(t) + (1-\delta)MK(t-1) \tag{7}$$

其中，$MK(t)$为t年的军事资本存量；$MS(t)$为t年的军事支出；π为军事支出中用于装备采办和建筑物的比例；δ为军事资本存量的折旧率。

1989年查尔斯·沃尔夫在分析15个国家和地区经济和军事长期发展趋势时，采用公式（7）对15个国家的军事资本存量进行了测度，见表1。

表1　15个国家和地区军事资本存量（武器装备和建筑物，1986年美元不变价）

单位：10亿

国家和地区	1950	1960	1970	1980	1990	2000	2010
美国	525	677	747	755	1157	1562	2089
苏联	584	592	719	965	1278	1559	1867
日本	0	6	15	31	55	82	115

① Charles Wolf Jr, Gregory Hildebrandt, Michael Kennedy Donald P. Henry, Katsuaki Terasawa, K. C. Yeh, Benjamin Zycher, Anil Bamezai and Toshiya Hayashi. Long—Term Economic and Military Trends, 1950－2010. The RAND Corporation, 1989.

续表

国家和地区	1950	1960	1970	1980	1990	2000	2010
中国	107	103	129	211	236	392	785
西德	0	24	68	101	138	197	260
英国	78	113	130	139	171	227	284
法国	52	74	91	107	148	215	292
印度	8	9	15	21	42	81	131
韩国	1	1	2	15	37	75	131
中国台湾地区	3	4	6	10	15	24	40
巴西	7	6	8	9	10	12	18
阿根廷	7	7	7	8	11	12	14
土耳其	5	8	12	23	33	48	68
墨西哥	5	4	5	6	8	10	12
埃及	18	14	17	37	39	44	51

资料来源：查尔斯·沃尔夫（Charles Wolf，1989）。

1990 年以后，苏联解体以及东德西德的统一，这些事件沃尔夫都没有预测到。为此，他在 1995 年重新研究了 6 个主要国家（美国、日本、中国、中国台湾地区、韩国和印度）1994～2010 年的军事资本存量。2000 年查尔斯·沃尔夫在出版的《亚洲经济发展趋势和安全问题》一书中对亚洲五国（中国、印度、日本、韩国、印度尼西亚）的军事资本存量做了类似的分析。

值得一提的是，中国国情专家胡鞍钢（2003）借鉴查尔斯·沃尔夫的研究方法，采取国际通行的资本积累模型方法（本质为永续盘存法），利用公式（7），在国内首次估算了 1952～2001 年中国军事资本存量的变化曲线，见图 4。

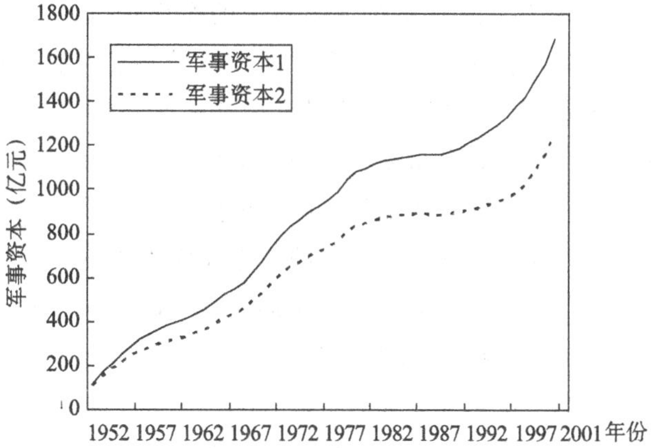

图 4　中国军事资本存量（1952～2001）

注：军事资本 1：国防费中考虑其他收入计算出的军事资本。

军事资本 2：不考虑其他收入计算出的军事资本。

四、简　　评

以上主要阐述了有关军事资本存量测度的理论和实证分析。库珀和查尔斯·罗伯特（Cooper and Charles Robert）的资本成本指数法，是为了得到军事资本和劳动力之间的最佳比例而采用的一种方法。这种方法计算出来的军事资本只是一个指数，这种指数在分析军事资本和劳动力在军事生产函数中的最佳比例时作用较大，但却无法衡量一个国家军事资本的绝对量。

希尔德布兰特的生产能力法在理论上很好地解决了军事资本的测度问题，然而在实际运用中，由于很难获得额外信息，很难运用这种理论测算出军事资本的存量值。希尔德布兰特的军事资产的服务价值法是一种购置成本法，用这种方法测度出的军事资本存量能体现一国军事实力，而且能对不同国家的军事资本进行比较。然而，在实际研究过程中，由于各种原因（军事机密、技术因素等）很难得到相关数据。军事资产的财富价值法是一种预期未来收入法，这种方法实际上就是未来收入的资本化计算。由于军事资产一般是公共产品，其收入很难衡量，因而可操作性也不强。

与其他方法相比，永续盘存法的理论和应用比较成熟，经济合作与发展组织（Organization for Economic Cooperation and Development，OECD）国家就广泛采用永续盘存法作为估计资本存量的基本方法。查尔斯·沃尔夫等人对中国大陆、印度、韩国、中国台湾地区、美国军事资本长期趋势的估算，旨在为美国国防部提供战略分析，缺乏对中国国防战略的具体分析，严重高估了中国国防支出在 GDP 中的比重，进而高估了中国军事资本存量。同时，沃尔夫在采用永续盘存方法测度军事资本存量时没有说明永续盘存法的原理，只是简单地借用了资本存量测算的公式，没有严格区分资本品的效率递减模式，而是根据假定给出了一个变化的折旧率，没有区分重置率和折旧率。而永续盘存法测度资本的公式只有在折旧率为常数时才成立。因此，沃尔夫对军事资本的测度不能令人信服。胡鞍钢在采用永续盘存法测算中国的军事资本时，考虑到了中国国防费等实际情况，比沃尔夫测算出的数据更具有说服力。然而，胡鞍钢没有对资本品的效率递减模式、重置率、折旧率等进行阐述。

从 20 世纪 50 年代到本世纪初，永续盘存法在资本测度中的应用已经有 50 多年的历史，无论是在理论上，还是具体测算实践中，均取得了较大进展，成为测算资本的主流理论和方法。随着这种理论和方法的进一步发展和成熟，永续盘存法将会成为军事资本测度的主要方法。今后运用永续盘存法测度军事资本时，首先要对永续盘存法的理论和原理进行阐述，说明永续盘存法测度军事资本公式成立的条件。同时，要结合各个国家军事的不同情况进一步细化测算过程中各种参数，以便对军事资本进行更加准确的测度，使其在数据上更加有力地对各国的军事实力进行评价。

参考文献

[1] GREGORY G. HILDEBRANDT. The Economics of Military Capital. The RAND Corporation, 1980.

[2] 胡鞍钢、刘涛雄：《国防建设大大滞后于经济建设：从国防资本存量占全国总量比重看国防能力变化（1952~2001)》，《中国国防经济》2003 年第 2 期。

[3] Cooper, R. and Roll, C. The Allocation of Military Resources: Implications for Capital-abour Substitution. The RAND Corporation, 1974.

[4] GREGORY G. HILDEBRANDT. SERVICES AND WEALTH MEASURES OFMILITARYCAPITAL (Measures of Military Capital). Defence Economics, 1990, (1).

[5] Charles Wolf Jr, Gregory Hildebrandt, Michael Kennedy, Donald P. Henry, Katsuaki Terasawa, K. C. Yeh, Benjamin Zycher, Anil Bamezai and Toshiya Hayashi. Long-Term Economic and Military Trends, 1950—2010. The RAND Corporation, 1989.

中国上市军工企业X－效率实证分析①

闫仲勇　　陈波
Yan Zhongyong　Chen bo

（国防科学技术大学人文与社会科学学院　湖南长沙　4100741）

内容提要： 文章以中国38家上市军工企业2003～2006年的面板数据为样本，采用随机前沿生产函数方法研究了改制后中国上市军工企业的效率，研究结果表明，1999年中国军工企业的改制产生了积极作用，改制后上市军工企业的平均效率高达0.9769，效率损失极其微小。文章同时以X－效率为理论基础分析了影响上市军工企业效率的因素，发现适度的股权集中度、优越的地理位置、较高的经营能力和人力资本的质量都有助于效率的提高，而作为股东身份代表的“国有股”对企业效率也有积极影响。此项研究为进一步提高中国上市军工企业的效率以及为其他军工企业的改制提供了重要的

① 此论文已经发表在《国防科技》2010年第1期。

经验证据和战略依据。

关 键 词： X－效率　随机前沿生产函数　军工企业

中图分类号： E0－054　　　　**文献标识码：** A

一、引　言

从20世纪80年代初开始，由于中央对国家安全形势的看法发生了根本性改变，国家战略重心从备战转向经济建设，用于军工企业的国防开支大幅削减，由此造成全国军工企业在生产经营方面的长期困难。为了扭转军工企业的困局，同时也为了使中国军工企业从苏联式发展模式走上西方式具有较强生命力的发展模式，从20世纪80年代初开始，国务院采取了包括重组、改制、上市以及关闭、停产、转民、搬迁在内的一系列措施对军工企业进行调整。值得一提的是1999年，为了把竞争机制引入到军工企业，提高军工企业的效率，国务院将除中国电子工业总公司外的5家总公司一分为二，形成10家军工集团。2002年，国务院又将信息产业部原军工研究院所重组成电子集团公司。经过这些市场化改革，最终形成了目前国内的11家军工集团。可以说1999年的改制把军工企业拉到一个公开竞争的环境，然而关系国家战略安全的军工企业改制后的效率如何，能否在“一超多强”的格局下立足？到底哪些因素可以促使军工企业效率的提高？基于这样的目的，本文对中国上市军工企业的效率进行了实证分析。

其实，军工企业的效率一直是国内外学术界一个重要的研究课题。

防务专家梅尔曼（Melman）认为，国防产品合同采用的是盈利性合同，加之缺乏竞争，所以弱化了企业作为资本主义公司恰当行为的能力。它们无需减少成本，而是竭力寻找增加补贴，使成本最大化以提高它们从政府那里取得的资金。这样，无效率就成为可盈利的军工企业的特性。马库森（Markusen）和约德尔肯（Yudken）也支持梅尔曼的观点[1]，认为限制军事研究与发展会使经济和技术发展更快，通过与民用产业相比，得出军工行业缺乏效率的结论[2]。而特雷维诺（Trevino）和希格斯（Higgs）运用新古典生产函数，通过与民用企业成果的比较，分析了美国军工企业的效率，研究表明军工企业的效率要好于相对较大的公司[3]。帕克（Parkera）和哈特利（Hartley）从公私合伙的角度认为英国国防企业的效率较低[4]。

随着中国军工企业的改制，国内对军工企业效率的研究也日趋活跃。库桂生采用军品投入产出分析方法、军品生产的盈亏分析与效费比分析方法，指出“军民兼容”或“军民结合”可以提高军工企业的效益[5]。郑立文、李丽则认为近几年来，随着中国经济体制转轨和工业品市场转向买方市场，军工企业陷入了全行亏损的境地，效率极其低下[6]。王凤云从分析 X - 效率这个容易被人们忽略的问题出发，探讨了民航企业效率问题与民航企业文化建设的内在联系，阐述了企业文化的“动力”、“合力”、“张力”的功能对民航企业效率的意义[7]。郝万禄、田大山和李小宁以及古先光和李国才等指出：以苏联模式建立起来的高度集中、相对独立的中国国防工业是中国计划经济条件下的产物，存在行业垄断、部门封锁，集团公司内部仍然搞“大而全”、“小而全”，不愿竞争，行政干预严重，缺乏适度的竞争，显现出低效率[8-10]。余修斌等采用随机前沿生产函数分析了西安飞机制造公司的效率，结果表明西飞 1990～1995 年间平均效率值为 74.79%[11]。董保同、孟燕从产业经济学的角度，按照“结构—行为—绩效”（SCP）模式，得出军工产业经济效率差的结论，认为军工行业在结构上存在突出问题是造成军工企业效率差的主要原因[12]。叶蓁、刘志迎运用随机前沿生产函数模型，分析了高技术产业的效率，并比较了行业之间的效率差异，得出电子计算机及办公设备制造业效率都接近于 1，几乎不存在非效率。而医药制造业、电子及通信设备制造业以及医疗设备及仪器仪表制造业的效率处于中等水平，分别为0.668，0.891，0.835。航空航天器制造业的平均效率是最低的，仅有0.146[13]。

有关中国军工集团效率的研究多数是定性分析，缺乏定量分析，为此本文借鉴X－效率理论，运用随机前沿生产函数方法对中国军工集团的效率进行实证分析。

二、X－效率理论

莱宾斯坦（Harvey Leibenstein）在20世纪60年代创立的X－效率理论对传统的新古典经济学提出了挑战。X－效率理论的主要命题有如下三个[14]：

1. 莱宾斯坦指出新古典经济学没有深入到厂商和家庭内部进行消费和生产行为的考察，把它们当成“黑箱子”。他认为不应把企业和家庭作为研究主体。原因在于最终做决策的是个人，企业中的人是第一位的，企业要达到目标，就要调动全体员工的积极性，共同努力；但企业往往缺乏激励，难以充分调动每个人的积极性，这样一定的劳动投入，其作用没有充分发挥。由于企业中人的因素，导致大量的本来可以利用的机会没有被利用，进而导致实际的产出水平低于理论值（最大值），称之为X低效率。

2. 劳动合同不完善，管理机制存在缺陷。企业需要劳动者的劳动努力，合同却只能规定劳动时间，容易带来致命的“死扣合同，消极怠工”的问题。根据这种合同，企业并不能完全控制员工的努力程度，而员工有较大的自由来决定提供多少数量的工作努力，即努力程度一部分由企业控制，另一部分由员工控制，两者共同决定最终结果。这样，企业生产率的决定问题，就成了一个典型的策略博弈问题。一方面，在这个博弈过程中，如果双方都采用最大化自身利益的策略，则会导致“囚犯困境”的现象。另一方面，如果双方都遵循“黄金法则”，则会导致劳资两利的最优结果。但在一般情况下，上述两种结果均不会出现。因为依赖于企业中人际关系历史的习惯和常规会导致一种介于上述两种结果之间的中间结果。对企业而言，这意味着企业的实际产出与最大化产出之间通常存在一定差距，企业内部的 X 低效率程度可从这种差距的大小得到说明。企业内部的 X－效率可以这样衡量：给出一组投入，其产出如果偏离最大产出，即本来的 $Y = Y(X_1, X_2, \cdots, X_n)$ 变成了 $Y' = Y'(X_1, X_2, \cdots, X_n)$。如果 $Y' < Y$，则存在效率损失，即存在 X－低效率。

3. 存在“惰性区域”的问题：莱宾斯坦将在员工感觉到激励刺激之前的区域称为惰性区域，认为在惰性区域内，常规的激励方法是失效的。即在惰性区域中，人对外界环境变化不敏感，努力程度也是常量，而激励则需要努力程度为变量。“惰性区域”的概念表明，在物质报酬给定的情况下，员工愿意提供的努力水平可以在一定范围内波动。因此，生产函数不是一条曲线，而是一条有一定厚度的宽带，如图 1 所示。

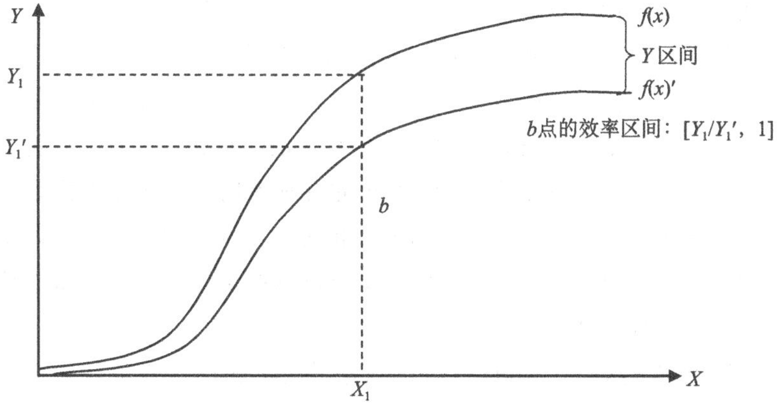

图 1　生产过程中的 X 低效率

在图 1 中的 b 点，实际的投入要素数量为 X_1，最大产量为 Y_1，但由于 X 低效率的存在，实际产量在介于 Y_1'和 Y_1之间。如果实际产量为 Y_1'，那么 b 点的效率就为 $E_b=Y_1'/Y_1$，如果实际产量为最大产量 Y_1，那么 b 点就不存在效率损失，其效率为 1，所以 b 点的效率区间为［Y_1'/Y_1，1］。

三、模型和数据

1. 有关效率的研究方法。有关效率的估计技术可分为两大类——非参数方法和参数方法。非参数的方法有数据包络分析法（data envelopment analysis，DEA）和自由可置壳方法（free disposal hull，FDH），其中 FDH 是 DEA 在放松凸性假定下的特例。非参数方法主要是利用数学规划的方法得到参数的估计值，对异常值较敏感，不能对得到的参数进行检验。参数方法有随机前沿法（stochastic frontier approach，SFA）、自由分布法（distribution free approach，DFA）以及厚前沿法（thick frontier approach，TFA）。参数方法主要是利用计量经济学的方法得到参数的估计值，可以进行有关的假设检验，但需要大样本。其中随机前沿法（SFA）不仅能得到各样本在不同时期的效率值，而且可以对引起效率损失的因素进行实证分析，是目前研究 X 效率较为普遍的一种方法，本文也将采用这种方法。自由分布法（DFA）假定在所有时间内效率差别是稳定的，每个样本的效率是其平均剩余和在边界线上的行业平均剩余之间的差额。厚前沿法（TFA）为单个样本提供了总体效率水平估计而不是点效率估计[15]。

2. 随机前沿生产函数的估计。为了去除随机误差项可能造成的影响，并得到每个样本在各时期的效率值以及分析 X 低效率的成因，本文选用随机前沿法作为研究工具。该方法将生产函数中误差项分为两部分：第一部分 V 服从正态分布的随机扰动项；第二部分 U 表示服从半正态分布的非效率项。为了得到各样本的效率值以及分析影响效率的因素，贝泰斯（Battese）和科埃利（Coelli）建议采用如下的随机前沿生产函数模型[16]：

$$Y_{it} = x_{it}b + (V_{it} - U_{it}) \quad i = 1, \cdots, N; t = 1, \cdots, T,$$

式中：Y_{it}为生产单位 i 在第 t 年的产量（或其对数），x_{it}为与之相对应的 k 种投入数量（或其对数），b 为随机前沿生产函数的未知参数（1 ×k 向量）。假定 V_{it}为服从正态分布的随机变量，其均值为零，方差为σ_v^2，并且独立于 U_{it}；U_{it}为反映生产单位 i 在 t 年的效率损失的非负随机变量，通常假定服从均值为 m_{it}、方差为σ_u^2的半正态分布。在模型中，$m_{it} = z_{it}d$ 为一效率损失指数，z_{it}为影响生产单位 i 效率水平的 p 个变量，d 为对应的待估计参数。由于前沿生产函数的误差项不满足古典假定条件，因而不能用 OLS 方法估计。采用贝泰斯（Battese）和科埃利（Coelli）建议的方法：令$\sigma^2 = \sigma_V^2 + \sigma_U^2$及$\gamma = \sigma_U^2 / (\sigma_V^2 + \sigma_U^2)$，此时参数$\gamma$的取值在 0 与 1 之间[17]。对$\gamma$估计值的统计检验可以反映出生产单位间效率的变异是否具有统计显著性，即是否应使用前沿生产函数模型。若$\gamma = 0$，则$\sigma_U^2 = 0$，那么全部的误差来自于 V，此时可使用普通最小二乘法（OLS）进行估计，随机前沿生产函数模型不再适用。在估计模型时，可以采用搜寻最优解的方式得到一个γ的初始值，然后利用非线性估计技术得到所有参数的最大似然法估计量。计算生产单位 i 在第 t 年的效率采用以下公式：$EFF_{it} = E(Y_{it}^* \mid U_{it}, X_{it}) / E(Y_{it}^* \mid U_{it} = 0, X_{it})$。这里 E（.）表示对括号中数学式求期望值，其值介于 0 与 1 之间。当用 Y_{it}作为随机前沿生产函数的因变量时，Y_{it}^*为实际产量；当用产量的对数值作为因变量时 Y_{it}^* 为 $\exp(Y_{it})$，即对 Y_{it}进行指数运算。

在选择生产函数的形式时，应用较广泛的有柯布—道格拉斯生产函数（CD）、不变替代弹性函数（CES）以及超对数生产函数（Translog）。这三种函数各有利弊。其中柯布—道格拉斯生产函数在应用研究中使用最为广泛，形式简单，参数具有明确的含义。但它假定要素替代弹性不变，始终为1。不变替代弹性函数形式与超对数相比也比较简单易行，同时对柯布—道格拉斯生产函数要素替代弹性为1进行了修改，将要素替代弹性设定为介于0到正无穷的常量。但这种函数的估计对初始值较为敏感，不易收敛。超对数生产函数改变了柯布—道格拉斯生产函数和不变替代弹性函数不变替代弹性，在这种函数中替代弹性为变量，具有灵活的弹性系数和替代系数。但由于这种生产函数要估计的参数较多，容易带来严重的多重共线性和自由度的损失。为了避免这种情况的出现以及不变替代弹性函数不易收敛情况的出现，本文采用柯布—道格拉斯生产函数对中国上市军工企业的效率进行分析。

3. 样本数据的选用和指标的选取。由于数据获得上的限制，本文选取的样本为中国十大军工集团（不含中国核工业建设集团）下的38家上市公司。样本期为2003～2006年，采用的是38家上市公司4年的面板数据。数据来源为中国上市公司资讯网和证券之星数据库。

在指标选取上，产出 Y 用企业的净产值表示，采用分配法算出，计算公式为：营业利润 + 产品销售税金 + 工资 + 提取的职工福利基金 + 利息支出 + 其他。在投入方面选取劳动力和资本两个指标。其中劳动力投入采用企业的员工数量（X_1），资本投入用企业固定资产净值表示（X_2）。在选取影响效率的变量时，根据X效率理论，主要是选取企业内部有关人员的变量，将企业内部的人员分为3个层次，并给出了三个层次对效率影响的假设：

（1）第一层次是企业的经理人，本文用反映企业经营能力的总资产总转率（Z_1）来衡量经理人对企业效率的影响。总资产总转率越高，表明经理人的经营能力越强，进而对企业的效率产生正面影响。

假设 1：经营能力愈强，企业效率就愈高。

（2）第二层次就是企业的股东，采用第一大股东持股比例（股权集中度，Z_2）来衡量股权集中度对企业效率的影响。关于股权集中度与企业效率关系的观点可分为 4 种：①根据 Grossman 和 Hart 的观点，当股权比较分散时，容易产生监督成本和“搭便车”现象，进而就会降低企业的效率，股权集中有利于效率的提高[18]。②与第一种观点相反，利昂·斯默利（Liand Simerly）指出，随着持股份额的增加，股东的资产组合风险也将随之增加，因此在具有不同风险的不同公司中，大股东持股的最优化份额也会有所不同。并且个别公司行为的性质和复杂性是变化的，这将影响监控个别公司的股东价值的边际效应，股权集中不利于效率的提高[19]。③德姆塞茨（Demsetz）认为公司股权结构是竞争选择的内生结果，在其过程中各种成本优势与劣势得到平衡，从而达到均衡的公司股权结构。因此得出结论：股权结构和公司业绩之间不存在相关关系。④适度集中的股权结构最有利于公司绩效的提高，即两者之间是倒“U”关系，存在一个最佳点。如麦康奈尔（McConnell）和瑟韦斯（Servaes）发现，公司价值与股权结构之间具有非线性的函数关系。在控股股东控股比例小于 40% 时，公司托宾 Q 值随控股比例的增大而增大；当控股比例达到 40% ~50% 时，公司托宾 Q 值开始下降[20]。本文将采用两种模型分别对以上观点进行实证分析，首先构建模型（1），在模型（1）中不加入第一大股东持股比例的平方项，保留第一大股东持股比例这个变量，通过这一变量系数的符号和显著性水平来分析前 3 种观点的正确性。随后构建模型（2），模型（2）将在模型（1）的基础上加入第一大股东持股比例的平方项，通过研究这一变量系数的符号，来检验第四种观点是否成立。为此做出如下四个假设：

假设2：股权越集中，企业效率越高。

假设3：股权越集中，企业效率越低。

假设4：股权集中度和企业效率之间没有关系。

假设5：适度的股权集中度有利于企业效率的提高，股权过度集中或分散都将会降低企业效率。

笔者通过研究发现在这38家上市军工企业中，2003～2006年第一大股东为国有股的企业数分别为35、35、34、32家。为了剔除第一大股东的身份对股权集中度的影响，本文引入了一个新变量：$D_0 \times Z_2$，该变量反映了第一大股东身份对效率的影响。其中，

$$D_0\begin{cases}1 & \text{第一大股东为国有股} \\ \text{其他} & \end{cases}$$

关于这一变量对效率的影响方向也没有统一的观点，总体可分为三类：一是认为国家股所占比重与公司绩效呈现显著的负相关关系，即国家股比重越高，公司效率越低。这是因为国有股存在着较严重的代理问题，而且容易造成“内部人”控制，加大了公司的代理成本，从而造成公司效率的损失。国家股东的行政特征又使得在参与公司治理中带有浓烈的行政色彩，表现出过度的行政干预，严重抑制了“内部人”的积极性和创新性，从而给公司效率带来严重的负面作用。二是认为国有股比重与公司绩效呈现不显著的负相关关系或基本没有关系。三是国有股比重与公司绩效呈现正的相关关系，即国有股比重越高，则公司效率越高。这是由于国家股东常常出于其特殊投资目的的考虑，会给予一些特殊公司各种“优惠”，使这些公司具有竞争优势，从而表现出良好的业绩，特别是关系到国家战略安全的军工企业，国家出于安全的需要，即使企业经营不景气，也会对其提供许多优惠政策。为此，得出以下3个假设：

假设6：第一大股东是国有股会降低企业效率。

假设7：第一大股东是国有股对企业效率没有影响。

假设8：第一大股东是国有股可以提高企业效率。

（3）第三层次来自企业的员工。采用反映员工受教育程度的大专以上员工占全部员工的比例（Z_3）来量化其对企业效率的影响。这是一个标志企业人力资本质量的变量。通常认为，企业员工受教育程度越高，人力资本的素质越好，因而对企业的效率有着较积极的正效应。[21]做如下假设：

假设9：人力资本的质量越高，企业效率也越高。

另外，为了反映不同区域之间效率的差别，本文引入了2个地区虚变量。

$$D_1\begin{cases}1 & \text{东部地区}\\0 & \text{其他}\end{cases}\qquad D_2\begin{cases}1 & \text{中部地区}\\0 & \text{其他}\end{cases}$$

假设10：东部地区和中部地区企业效率要高于西部地区的效率。

故前沿生产函数可表示为：

$\ln Y_{it}=\alpha_0+\alpha_1\ln X_{1t}+\alpha_2\ln X_{2t}+(V_{it}-U_{it})\quad i=1,\ ...,\ N;\ t=1,\ ...,\ T$（下同）。

效率函数表示为以下形式：

$$m_{it}=\delta_0+\delta_1 Z_{1it}+\delta_2 Z_{2it}+\delta_3 Z_{3it}+\delta_4 D_0 Z_{2it}+\delta_5 D_1+\delta_6 D_2\qquad \text{模型（1）}$$

$$m_{it}=\delta_0+\delta_1 Z_{1it}+\delta_2 Z_{2it}+\delta_3 Z_{3it}+\delta_4 D_0 Z_{2it}+\delta_5 D_1+\delta_6 D_2+\delta_7 Z_{2it}^2\qquad \text{模型（2）}$$

四、实证分析

1. 函数的估计结果及其相关分析。本文使用 Frontier 4.1（Coelli，1996）软件对上述生产函数方程进行估计，估计结果见表1。

表 1　　随机前沿生产函数的估计结果

		模型（1）		模型（2）	
	变量	系数（标准误差）	T 值	系数（标准误差）	T 值
生产函数部分	常数项	8.444 (1.009)	8.367	7.782 (0.966)	8.059
	$\ln X_1$（劳动）	0.486 (0.074)	6.588	0.427 (0.073)	5.879
	$\ln X_2$（资本）	0.352 (0.071)	4.974	0.412 (0.067)	6.132
	σ^2	0.300 (0.036)	8.248	0.299 (0.024)	12.273
	γ	0.058 (0.011)	5.292	0.022 (0.006)	3.498
	常数项	0.748 (0.181)	4.138	2.104 (0.313)	6.718
效率函数部分	Z_1（总资产总转率）	-1.007 (0.070)	-14.418	-1.222 (0.126)	-9.673
	Z_2（第一大股东持股比例）	1.589 (0.234)	6.781	-4.131 (0.942)	-4.386
	Z_3（大专以上比例）	-0.632 (0.091)	-6.907	-1.182 (0.114)	-10.334
	$D_0 \times Z_2$（第一大股东身份）	-0.165 (0.069)	-2.406	0.061 (0.098)	0.621
	D_1	-1.098 (0.129)	-8.531	-0.416 (0.120)	-3.466
	D_2	0.009 (0.144)	0.065	0.100 (0.117)	0.854
	$Z_2{}^2$			6.411 (0.995)	6.444
	平均效率	0.980		0.978	
	观察值个数	152		152	
	log likelihood function	-124.369		-119.360	
	LR test of the one - sided error①	132.112		142.130	

① LR test of the one - sided error 为单边偏误似然比，检验此处它符合混合卡方分布（Mixed Chi - squared Distribution）。

表1显示，除了D_2的系数以及模型（2）中$D_0 \times Z_2$系数不显著外，其余所有变量的系数在1%的显著性水平下是统计显著的。模型（1）和模型（2）的对数似然值（log likelihood function）和单边偏误似然比检验（LR test of the one - sided error）表明本文采用的函数在总体上可以接受。两个模型的γ值分别为0.058和0.022，其T值分别为5.292和3.498，在1%的显著性水平下异于0，即σ_U^2显著不为0，说明采用随机前沿生产函数研究中国军工集团的状况是有效的。

生产函数部分：劳动和资本对产出的影响都是正的。模型（1）中劳动和资本的弹性分别为0.486和0.352，$\ln X_1$系数的估计量$\hat{\alpha}_1 \sim N$（0.486，0.005476），$\ln X_2$系数的估计量$\hat{\alpha}_2 \sim N$（0.352，0.005041）。为检验二者差异的显著性及其规模报酬效应，本文构造统计量$M_1 = \hat{\alpha}_1 - \hat{\alpha}_2 \sim N$（0.134，0.010517）和$M_2 = \hat{\alpha}_1 + \hat{\alpha}_2 \sim N$（0.838，0.010517），通过计算得到$M_1$和0以及$M_2$和1差异T值的绝对值分别为1.307和1.579，均小于$T_{0.1}$（150）=1.96。用同样的方法可以得出模型（2）中M_1和0以及M_2和1差异T值的绝对值分别为0.151和1.625，小于$T_{0.1}$（150）。所以$\ln X_1$和$\ln X_2$的系数差别不明显，即劳动和资本对产出起着同等重要的作用；同时表明中国上市军工企业的生产规模报酬不变。

效率函数部分：在模型（1）中变量Z_1（总资产总转率）和Z_3（大专以上比例）的系数符号为负，说明经营能力越强，企业的效率会越高；大专比例越高的企业其效率也越高。两个虚变量：$D_0 \times Z_2$（第一大股东身份）和D_1的系数符号也为负，表明第一大股东是国有股的企业比第一大股东不是国有股的企业效率要高，东部地区上市军工企业的效率比西部地区的高。Z_2（第一大股东持股比例）的系数符号为正，说明第一大股东持股比例对中国上市军工企业的效率具有负面影响。模型（2）中变量Z_1、Z_3和D_1的系数符号与模型（1）一致，$D_0 \times Z_2$的系数符号与模型（1）相反，但该变量的系数并不显著。Z_2和Z_2^2的系数都在1%的显著性水平上是统计显著的。由于加入了第一大股东持股比例的平方项Z_2^2，这直接影响到Z_2系数的符号，Z_2在模型（2）中系数符号为负，Z_2^2的系数符号为正，说明效率和Z_2^2之间是倒“U”关系，存在一个最佳点，当$Z_2 = -\frac{4.131}{2 \times (-6.411)} \times 100\% = 32.22\%$时，即第一大股东持股比例达到32.22%时，企业效率最佳，而当超过32.22%时，Z_2就会对企业效率产生负面影响。本文的统计数据显示中国上市军工企业第一大股东持股比例的平均值为46%，远远大于32.22%，所以在模型（1）中Z_2的符号为正也就不足为奇了。Z_2的符号在模型（1）和模型（2）中并不矛盾。

由于模型（1）中这6个变量均为无量纲变量，其系数大小可以反映这些变量对效率的贡献率，由上表可知Z_2对效率的影响最大，其次为D_1、Z_1和Z_3，$D_0 \times Z_2$对效率的影响最小。因此要想提高中国上市军工企业的效率，首先要在降低第一大股东的持股比例上下功夫，但模型（2）又告诉我们第一大股东持股比例不能降低到一定程度，应保持在32.22%左右。提高经理人的经营能力以及企业人力资本的质量也有助于中国上市军工企业效率的大幅提高。

2. 效率的估计。利用Frontier4.1（Coelli，1996）软件，得到各企业不同时期的效率值，具体见表2～表4。

表2　所有企业的效率值

企业名称	时间				平均效率
	2003年	2004年	2005年	2006年	
G一东	0.9765	0.9828	0.9857	0.9925	0.9844
G天鸟	0.9935	0.9756	0.9823	0.9938	0.9863
G凌云	0.9971	0.9991	0.9993	0.9994	0.9987
G晋西	0.9556	0.9464	0.9657	0.9989	0.9666
G北创	1.0000	0.9992	0.9874	0.9977	0.9961

续表

企业名称	时间				平均效率
	2003 年	2004 年	2005 年	2006 年	
新华光	0.9519	0.9520	0.9556	0.9579	0.9543
北方股份	0.9712	0.9652	0.9816	0.9883	0.9766
G 嘉陵	0.9729	0.9782	0.9816	0.9971	0.9825
G 北方国际	0.9989	0.9991	0.9982	0.9990	0.9988
G 长安	0.9990	0.9993	0.9987	0.9994	0.9991
G ST 天仪	0.8999	0.9115	0.9144	0.9489	0.9187
G 江南	0.9985	0.9604	0.9648	0.9868	0.9776
G 重机	0.9967	0.9966	0.9980	0.9963	0.9969
G 广船	0.9992	0.9992	0.9995	0.9980	0.9990
G 风帆	0.9988	0.9990	0.9993	0.9995	0.9991
G 西飞	0.9548	0.9556	0.9582	0.9825	0.9628
G 贵航	0.9490	0.9509	0.9572	0.9803	0.9593
中航精机	0.9665	0.9501	0.9573	0.9697	0.9609
G 哈飞	0.9680	0.9684	0.9833	0.9969	0.9791
G 东安	0.9598	0.9530	0.9466	0.9564	0.9539
G 洪都	0.9446	0.9533	0.9509	0.9399	0.9472
G 昌河	0.9747	0.9586	0.9330	0.9592	0.9564
G 成发	0.9411	0.9505	0.9596	0.9764	0.9569
G ST 宇航	0.9250	0.9159	0.9260	0.9592	0.9315
G 卫星	0.9991	0.9984	0.9989	1.0000	0.9991
G 航天机电	0.9924	0.9845	0.9876	0.9993	0.9909
G 航动力	0.9624	0.9626	0.9611	0.9653	0.9628
G 火箭	0.9739	0.9748	0.9777	0.9777	0.9760
G 中兴	1.0000	1.0000	1.0000	1.0000	1.0000
G 航科技	0.9627	0.9628	0.9651	0.9553	0.9615
G 航信	1.0000	1.0000	1.0000	1.0000	1.0000
G 晨光	0.9918	0.9843	0.9887	0.9975	0.9906
G 航通	1.0000	1.0000	1.0000	1.0000	1.0000
G 长峰	0.9989	0.9992	0.9986	0.9985	0.9988
航天电器	0.9877	0.9814	0.9802	0.9793	0.9822
G 中核	0.9657	0.9783	0.9828	0.9982	0.9812
G 华电脑	1.0000	1.0000	1.0000	1.0000	1.0000
G 四创	0.9957	0.9711	0.9576	0.9872	0.9779
平均效率水平	0.9769	0.9741	0.9758	0.9851	0.9780

从表2中可以看出，中国38家上市军工企业2003～2006年间的平均效率为0.9780<1，说明中国上市军工企业总体上的确存在X低效率，但效率损失却较少。样本期间内中国军工上市企业的效率相对集中，各企业在样本期间内的平均效率区间为［0.9187，1］，其中效率最低值0.9187出现在天兴仪表股份有限公司，最大值1出现在中兴通讯、航通通信和华东电脑，这三家企业不存在X低效率。

表3反映了中国十大军工集团不同年份的效率值和平均效率值。结果显示，中国航空第二集团上市企业的平均效率最低为0.9542，而中国船舶重工集团上市企业的平均效率值最高为0.9991，相差4.5个百分点。十大军工集团上市企业效率的波动状况并不一致：只有中国兵器装备集团和中国核工业集团上市企业效率值呈现上升趋势，其效率值分别由2003年的0.9656和0.9657上升到2006年的0.9818和0.9982，增长幅度分别为1.67%和3.37%。中国船舶重工集团和中国航天科技集团上市企业的效率值比较稳定，没有明显的上升或下降趋势。其余六家军工集团上市企业的效率值呈现先下降后上升的态势，在这六大军工集团中，除了中国电子科技集团上市企业的效率最低值出现在2005年外，其余五家军工集团上市企业的效率均在2004年达到低谷。

表4揭示了不同行业的效率值。其中航空航天器制造业的效率最低，均值为0.9644，通信设备制造业的效率最高，均值为0.9932，交通运输设备制造业的效率居中，均值为0.9727。影响效率的因素很好地解释了以上现象：航空航天器制造业、交通运输设备制造业和通信设备制造业的平均第一大股东持股比例分别为49%、49%和40%，都超过了最佳值33.22%，而模型（1）又给出了第一大股东持股比例越大效率越低的结论，与航空航天器制造业和交通运输设备制造业相比，通信设备制造业的第一大股东持股

表3　　不同军工集团的效率值

集团名称	时间				企业数量	平均值
	2003年	2004年	2005年	2006年		
中国兵器工业集团	0.9845	0.9806	0.9841	0.9965	5	0.9864
中国兵器装备集团	0.9656	0.9676	0.9717	0.9818	6	0.9717
中国船舶工业集团	0.9981	0.9854	0.9874	0.9937	3	0.9912
中国船舶重工集团	0.9988	0.9990	0.9993	0.9995	1	0.9991
中国航空一集团	0.9568	0.9522	0.9576	0.9775	3	0.9610
中国航空二集团	0.9522	0.9500	0.9499	0.9647	6	0.9542
中国航天科技集团	0.9817	0.9805	0.9817	0.9829	6	0.9817
中国航天科工集团	0.9957	0.9930	0.9935	0.9951	5	0.9943
中国核工业集团	0.9657	0.9783	0.9828	0.9982	1	0.9812
中国电子科技集团	0.9979	0.9856	0.9788	0.9936	2	0.9889

表4　　不同行业的效率值

行业类型	时间				企业数量	平均值
	2003年	2004年	2005年	2006年		
所有行业	0.9769	0.9741	0.9758	0.9851	38	0.9780
交通运输设备制造业	0.9699	0.9678	0.9699	0.9831	18	0.9727
航空航天器制造业	0.9565	0.9605	0.9659	0.9747	5	0.9644
通信设备制造业	0.9970	0.9908	0.9899	0.9950	8	0.9932
其他	0.9866	0.9813	0.9822	0.9862	7	0.9841

比例相对较低，其效率相对其他行业也就较高。这三大产业的平均总资产总转率分别为51%、76%和90%，平均大专以上学历人员占总职工比例分别为40%、32%和63%，而且通信设备制造业所有的上市公司都位于东部沿海城市，而航空航天器制造业、交通运输设备制造业的上市公司多数在中西部较落后的地方，这都可以证实通信设备制造业的效率最高而航空航天器制造业效率最低。虽然

航空航天器制造业的平均效率最低，但航空航天器制造业的平均效率呈现明显的上升态势，由 2003 年的 0.9565 提高到 2006 年的 0.9747，增幅为 1.90%，而所有行业、交通运输设备制造业和通信设备制造业的平均效率先下降随后又上升。可见，航空航天器制造业的效率上升空间较大，而其他行业的效率上升空间很小。

五、结论和建议

本文以中国 38 家上市军工企业 2003～2006 年的面板数据为样本，以 X－效率作为理论基础，利用随机前沿生产函数研究了这些企业的效率状况及其影响效率的因素。实证结果说明，1999 年中国军工企业的改制产生了积极作用，改制后中国上市军工企业的效率损失很小。2003～2006 年总体平均效率呈现出先下降后上升的“U”型结构。但不同军工集团上市企业的效率存在差异，平均效率最低（0.9542）的中国航空第二集团比平均效率最高（0.9991）的中国船舶重工集团的效率低 4.5 个百分点。同时行业分析表明，中国航空航天器制造业的效率最低，但其效率每年都在增加，呈上升趋势；通信设备制造业的效率最高。通信设备制造业效率提升的空间已经不大，在以后的改制中应该主要依靠航空航天器制造业效率的提高来提高整个军工上市企业的效率。

本文生产函数部分表明劳动和资本对中国上市军工企业产出的贡献在伯仲之间。效率函数部分表明影响中国上市军工企业效率的因素按照影响力大小依次为：股权结构、地域、经理人的经营能力和人力资本的质量。其中，股权适度集中（第一大股东持股比例在 33.22% 左右）的股权结构最有利于企业效率的提高，处于东部地区的企业效率会更高，经理人的经营能力和人力资本的质量对效率的提高都有积极作用。模型（1）预示着作为股东身份象征的国有股似乎对效率有着积极的影响，但从模型（2）中却得不到这种结论，国有股对企业效率似乎没有影响。

虽然国内军工业已建立了十一家军工集团并有一批企业上市，但各军工集团内的大部分企业和研究院所仍未进行企业化转制，企业和研究院所的运营模式和机制并未转变。而本文的研究结论对这些军工企业的改制提供了重要的经验证据。随着中国“民进军”步伐的加快，中国上市军工企业在市场上的竞争也会愈演愈烈，关系国家战略安全的军工企业在今后的改制中要着重做好以下对军工企业效率产生重大影响的几点：第一，加快军工企业的改革，使军工企业的股权结构更加合理；第二，明晰产权，进一步政企分开，重视企业中经理人的作用，既要对其采取激励措施，又要加强对他们的监督。第三，提高中国军工企业人力资本的质量，积极引进人才，为他们提供良好的发展环境。第四，今后国家应着重加大对航空航天器制造业的改制，通过航空航天器制造业效率的提高来提高整个行业的效率。第五，虽然东部地区有利于中国上市军工企业效率的提高，但如果大多数军工企业搬迁到东部地区，一旦发生战争，后果不堪设想，所以，对军工企业区域的选择要充分考虑到国家战略安全的因素。

参考文献

［1］ Melman. The permanent war economy（Simon and Schuster, New York), 1985.

［2］ Markusen and Yudken. Dismantling the cold war economy, 1992.

［3］ Trevino and Higgs. Profits of US defence contractors. American Economic Review, 1992, (61).

［4］ David Parkera and Keith Hartley . Transaction costs, relational contracting and public privatepartnerships: a case study of UK defence. Journal of Purchasing & Supply Management, 2002, (12) .

［5］ 库桂生:《国防经济效益浅谈》, 国防大学出版社 1988 年版。

［6］ 郑立文、李丽:《现代企业制度与军工企业改革》,《技术经济》1999 年第 10 期。

［7］ 王凤云:《从 X 效率理论看民航企业文化构建之意义》,《中国民航学院学报》1999 年第 4 期。

［8］ 郝万禄:《对军工企业建立现代企业制度的若干思考》,《中国工业经济》1995 年第 1 期。

［9］ 田大山、李小宁:《国防军工企业改革问题探讨》,《中国软科学》2001 年第 6 期。

［10］ 古先光、李国才:《国防科技工业企业建立竞争机制研究》,《军事研究》2003 年第 6 期。

［11］ 余修斌、程连、任若恩:《前沿生产函数与企业技术非效率的测算——西安飞机制造公司的实例测算》,《统计研究》2000 年第 5 期。

［12］ 董保同、孟燕:《我国国防科技工业存在的突出问题和今后的发展道路》,《中国国防经济》2002 年第 1 期。

［13］ 叶蓁、刘志迎:《中国高技术产业技术效率影响因素分析——基于随机前沿生产函数分析》,《科技与经济》2006 年第 5 期。

［14］ 罗杰·弗朗茨:《X 效率: 理论、论据和应用》, 上海译文出版社 1993 年版。

［15］ 徐传谌、齐树天:《中国商业银行 X－效率实证研究》,《经济研究》2007 年第 3 期。

［16］ BatteseandCoelli. A Model for Technical Inefficiency Effects in a Stochastic Frontier Production Function for Panel Data. Empirical Economics,1995，(20)．

[17] Batteseand Corra. Estimation of a Production Frontier Model: With Application to the Pastoral Zone of Eastern Australia. Australian Journal of Agricultural，Economics，1977，(21)．

[18] GrossmanandHart. An Analysis of the Principal – Agent Problem. Econometrica，1983，(51)．

[19] LI MINGFANG，SIMERLY，ROY L. The moderating effect of environmental dynamism on the ownership and performance relationship. Strategic Management Journal，1998，(19)．

[20] McConne and Servaes. H. Additional Evidence on Equity Ownership and Corporate Value. Journal of Financial Economics，1990，(27)．

[21] 刘小玄：《中国转轨经济中的产权结构和市场结构——产业绩效水平的决定因素》，《经济研究》2003 年第 1 期。

论构建中国特色现代军事力量体系①

高宁
Gao ning

（国防大学研究生院　北京　100091）

内容提要：党的十八大报告明确提出“构建中国特色现代军事力量体系”的要求，为新形势下中国军事力量整体建设指明了方向。构建中国特色现代军事力量体系，必须以党在新形势下的强军目标为牵引，抓好各支撑体系中信息化武器装备、高素质新型军事人才、新型作战力量和现代后勤等关键环节的建设，不断探索构建中国特色现代军事力量体系的实践路径，提升部队基于信息系统的体系作战能力，确保部队能打仗、打胜仗。

关 键 词：中国特色　现代军事力量体系　关键环节　实践路径

中国分类号：E201　　　　　**文献标志码**：A

---

① 此论文已经发表在《海军工程大学学报（综合版）》2013年第4期。

当今时代，世界新军事革命加速发展，中国面临的安全和发展形势复杂多变，中国军队要解决建设中“两个不相适应”的矛盾，实现党在新形势下的强军目标，必须理清发展思路，抓好各种基本力量建设，探索多种实践路径，着力构建既能打赢现代战争又具有中国军队特色的现代军事力量体系。

一、构建中国特色现代军事力量体系的内涵与意义

党的十八大报告明确提出“构建中国特色现代军事力量体系”的目标要求，这是党的军事理论创新发展的重大成果，为中国军队新时期军事力量建设指明了前进方向。深入研究这一问题的首要条件就是要准确理解和把握其科学内涵与时代意义。

（一）要准确理解“现代”与“中国特色”的含义

一方面，“现代”作为一个历史性范畴，随着时代的进步而不断丰富和发展。“自我军建立以来，党的历代领导集体和将士官兵，都对军队现代化进行了不懈的探索。在一个较长时期内，努力建设一支机械化军事力量是我军现代化的核心内涵。”[1] 20世纪80年代开始，随着以信息技术为代表的新技术革命的兴起及其在军事领域的广泛应用，世界范围内的军事革命开始加速发展，建设信息化军队、打赢信息化战争成为中国军队现代化建设新的时代要求。中国军队要建设成为一支现代军事力量，必须紧跟世界新军事革命的潮流，必须吸收借鉴外国军队特别是西方发达国家军队信息化建设的经验教训，依靠高新技术加快转变战斗力生成模式，推动机械化与信息化的复合式发展，不断赋予中国

军队现代化建设新的时代内涵。另一方面，要从中国军队的使命任务、性质宗旨和建设发展的现实基础出发，准确把握构建现代军事力量体系的“中国特色”。中国军队（以下简称我军）是中国共产党绝对领导下的人民军队，从建军开始就在党的领导下行动和战斗，与人民群众保持着鱼水深情、血肉联系，始终将全心全意为人民服务作为我军的唯一宗旨。因此，构建中国特色现代军事力量体系必须始终保持党对军队的绝对领导这一军魂，保持人民军队的性质宗旨。同时，中国特色社会主义的政治制度和中国共产党的性质宗旨决定了我们必然走和平发展道路，决定了军队的使命任务是要维护国家主权、安全、领土完整，保障国家和平发展，而绝不会像一些西方国家那样搞霸权主义、搞侵略扩张。而且，我军是在尚未完成机械化任务的同时又面临着信息化的任务，与西方发达国家的军队相比，我们现代化建设的基础薄、起点低，这些都决定了我军构建现代军事力量体系之路必然要具有自身特色，而不能照搬西方军队。

（二）要充分认识构建中国特色现代军事力量体系的重大意义

构建中国特色现代军事力量体系既是顺应世界新军事革命潮流的必然选择，也是维护国家安全与发展利益、履行我军使命任务的现实需要。当前，经济全球化的趋势不断加强，世界新军事革命方兴未艾，中国经济社会迈入全面深化改革的新阶段，中华民族已经处在复兴道路上的关键时期，国家安全与发展所面临的形势日益复杂，军队建设和军事斗争准备的任务更加繁重艰巨，但“两个不相适应”依然是我军现代化建设的主要矛盾，构建中国特色现代军事力量体系的紧迫性日益凸显。在新的历史条件下，我军要着眼全面履行新世纪新阶段历史使命，提高应对多种安全威胁、完成多样化军事任务的军事能力，掌握陆、海、空、天、电、网等多维空间斗争中的主动权，提高以打赢信息化条件下局部战争能力为核心的军事能力，必须着力构建攻防兼备、精干、联合、多能、高效的中国特色现代军事力量体系，使其与中国国际地位相称，与国家安全和发展利益相适应。

二、构建中国特色现代军事力量体系的关键环节

中国特色现代军事力量体系由各种基本力量体系构成，刘亚洲上将将其划分为四大军事支撑体系：现代化武器装备体系、实战型人才体系、整体作战力量体系和现代化后勤装备保障体系[2]。要构建中国特色现代军事力量体系，必须以建设信息化军队、打赢信息化战争为着眼点，抓好四大军事支撑体系的关键环节展开建设。

（一）大力发展信息化武器装备

世界新军事革命的发展历程表明，以信息技术为主导的高技术武器装备发展水平，正日益成为夺取现代战争优势的关键。近几年来，中国一大批国产新型武器装备亮相，歼－20试飞、武直－10列装、辽宁舰入役等，标志着我军武器装备的现代化建设取得了较大的进步与成就。但同时也应当看到，与西方发达国家军队相比，我们在高技术武器装备的自主创新能力上仍有不小差距，特别是在一些关键部件、核心技术上仍存在着诸多问题。实践反复证明，对于中国这样一个社会主义大国而言，国防和军队的现代化是花钱买不来的，必须着力提高国防科技工业的自主创新能力。同时，要按照体系建设的基本理念，逐步形成以信息系统为依托、以新一代武

器为主体的高技术武器装备体系。要破除各军兵种自成体系的武器装备格局，加强高技术武器装备体系建设的顶层设计，按照综合集成的方法整合武器装备研制、运行的技术规范和法规标准，在着眼补齐短板、注重横向融合中加强武器装备体系化建设。

（二）加强高素质新型军事人才培养

高素质新型军事人才既是军队信息化体系的重要要素，也是现代军事力量体系的基本组成部分，是军队信息化建设顺利发展的主体力量。这里的“高素质”包括思想政治素质、科学文化素质、军事专业素质和身体心理素质等多个方面。构建中国特色现代军事力量体系，培养大批高素质新型军事人才，必须要以培养“四类人才”为重点推进人才战略工程，加强以联合作战指挥人才、信息化建设管理人才、信息技术专业人才、新装备操作和维护人才为重点的人才队伍建设。要“健全军队院校教育、部队训练实践、军事职业教育三位一体的新型军事人才培养体系”[3]，确立新型军事人才培养目标，调整完善特招、引进、聘用军队紧缺专业人才的政策制度，不断扩大人才基数、提高人才质量。要搞好搞活人才资源的配置使用，通过多样化的军事实践活动锻造新型军事人才方阵，通过军事人力资源政策制度的调整改革，调动军队各级各类人才的主动性与创造性。

（三）抓好新型作战力量建设

军队的使命任务与作战方式决定着作战力量的调整与发展。进入信息时代，各国军队为适应信息化战争的要求，抢占新一轮军事竞争的制高点，在调整完善传统作战力量的基础上，纷纷把发展战略预警、军事航天、防空反导、信息攻防、战略投送、远海防卫等新型作战力量作为构建现代军事力量体系的战略重点。

这些新型作战力量既反映了军事高新技术和作战方式的发展趋势，也成为各国军队建设新的增长点和制高点。以信息攻防的网络作战力量为例，因其成本低、手段隐蔽、破坏性强、效益高，而被誉为“穷人的原子弹”，成为各国优先发展的新型作战力量之一。因斯诺登事件而曝光的美国“棱镜”计划，就是其运用互联网随时监听、获取世界各国情报，进行信息攻防的明证。我军要构建中国特色现代军事力量体系，必须将新型作战力量作为重要支撑，集中人力物力资源，统筹协调、科学规划，着力提高战略预警、威慑和打击能力，提升网络空间防御作战能力，发展远海机动作战能力，加强军事航天、防空反导、战略投送等新型作战力量的建设与发展。

（四）加快全面建设现代后勤步伐

长期以来，我军各军兵种后勤自成体系、垂直保障，致使保障力量分散、制约了保障效能，已不适应信息化条件下军事力量体系建设发展的需要。构建中国特色现代军事力量体系，必须加快全面建设现代后勤的步伐，加快推进后勤保障体制一体化、保障方式社会化、保障手段信息化、后勤管理科学化。要以提升综合保障能力为目标，优化完善以联勤机制为重点的三军联合保障体制；要建立完善军民结合、寓军于民的社会化保障体系，提高信息化条件下的后勤保障能力，使军事后勤能够有效保障实战、保障部队建设、保障军队改革；要推动后勤装备与信息系统的有机融合，加快保障手段向信息化迈进，使保障方式由概略型向精确型转变；要严格标准化、规范化管理，实现从传统经验管理向科学常态管理的转变，不断提升后勤指挥和后勤保障的质量效能。

三、推进中国特色现代军事力量体系建设的实践路径

在新的历史条件下，要构建中国特色现代军事力量体系，必须“坚持以创新发展军事理论为先导，着力提高国防科技工业自主创新能力，深入推进军队组织形态现代化”[4]。我军只有按照基于信息系统的体系作战能力的要求，加强顶层设计和战略筹划，重视调整优化作战力量结构比例，强化各作战力量的体系整合，才能使各项作战力量能攥指成拳、形成整体合力。

（一）加强战略筹划和顶层设计

构建中国特色现代军事力量体系，要从国家发展和安全的战略高度进行统筹安排、整体设计、有序推进，要以中国的国情和国力为基础，统筹协调经济社会发展与国防军队建设的关系，努力建设一支与中国国家地位相称、与国家安全和发展利益相适应的现代军事力量体系，实现富国与强军的统一。要从国防和军队建设全局的高度进行统筹规划，明确中国特色现代军事力量体系的基本构成、目标方向、发展重点、现实矛盾及破解方法，坚定信息化建设的发展方向，紧紧扭住中国特色现代军事力量体系建设的重点难点问题，想实招、求实效。要加强中国特色现代军事力量体系建设的顶层设计，坚持以“三步走”路线图为指导来制定具体发展规划，运用结构分析方法进行体系结构比例的设计，运用管理约束机制避免体系建设中可能出现的标准不一、烟囱林立、重复建设等问题，适时开展效能评估以检验军事力量体系建设成果。

（二）重视调整优化作战力量结构

结构决定功能，规模决定效能。长期以来，我军的力量体系结构编成主要是为应对机械化战争和打大规模地面战争而准备，虽几经改革调整，但“陆战型”的力量结构并未从根本上改变，军事功能还不能完全适应打赢信息化条件下局部战争的需求，与维护海洋、空天、电磁空间安全和遂行反恐维稳、应急救援等多样化军事任务的要求也有差距。构建中国特色现代军事力量体系，就要调整优化现有的作战力量比例结构，在军队建设重点上进一步向海军、空军和第二炮兵部队倾斜，优化军兵种内部结构和部队编成，大力提高各军兵种高新技术部队的比例，压缩非作战编制，充实一线部队。要推动陆军部队由区域防卫型向全域机动型的整体转型，推动海军由近海防御型向远海防卫型转变，推进空军由国土防空型向攻防兼备型转变，实现第二炮兵部队的信息化转型，完善核常兼备的力量体系。要坚持新型作战力量、高新技术部队与常规部队并存的原则，以新型作战力量为骨干，高新技术部队为主体，统筹军兵种力量建设、网络战力量建设、国防动员和后备力量建设、武警现代化建设。

（三）强化各作战力量的体系融合

现代战争是双方作战体系的较量，必须推动各作战力量的体系融合，按照体系作战的特点和规律，以信息系统为基础，统筹协调各作战力量、作战单元、作战要素的融合集成，最大限度发挥现代军事力量体系的整体效能。当前，我军仍存在着各作战力量之间条块分割严重、体系建设力度不够的问题。要加速中国特色现代军事力量的体系化建设，必须下大力统筹进攻力量与防御力量的有效配合，硬打击力量与软攻击力量的紧密结合，现役力量与后备力量的有机衔接。要着眼我军陆、海、空、二炮等作战力量的横向联合，建立健全联合作战指挥体制、联合训练体制、联合保障体制，提升信息化条件下的联合作战能力。要全面提升情报侦察、指挥控制、火力打击、立体机动、信息攻防、全维防护、综合保障等信息化作战能力，实现信息的处理、存储、传输、分发管理、导航定位等信息支援能力的有机融合，使军事力量体系的整体作战能力得到质的跃升。

参考文献

[1] 陈舟、释清仁：《科学构建中国特色现代军事力量体系》，《解放军报》2012 年 11 月 29 日。

[2] 刘亚洲：《贯彻落实党的十八大战略部署，推动中国特色军事变革深入发展》，《求是》2013 年第 13 期。

[3]《中共中央关于全面深化改革若干重大问题的决定》，《人民日报》2013 年 11 月 16 日。

[4] 李海涛：《谁收获超额战略红利——谈谈构建中国特色现代军事力量体系》，《光明日报》2012 年 12 月 17 日。

军事资本形成机制探析[1]

闫仲勇

Yan Zhongyong

（国防科学技术大学人文与社会科学学院，湖南长沙　410074）

内容提要： 军事资本形成机制顺畅与否，关系到军事资本的总体规模，进而影响到一个国家的整体国防实力。本文从军事资本形成的储蓄供给、军事投资需求和储蓄转化为军事投资的渠道三个方面，分析了军事资本形成机制以及影响军事资本形成机制和规模的因素。收入机制、金融市场体制、政府财政政策、国家的经济实力、国防战略和所处的国际环境均直接或间接地影响到军事资本形成的机制和形成的规模。为了改善军事资本形成机制和扩大军事资本规模，需要不断优化军事资本形成的储蓄主体结构和军事投资主体结构，同时要健全金融渠道，确保储蓄主体与投资主体的一致性。

① 此论文已经发表在《科技创新导报》2013 年第 19 期。

关 键 词：军事资本形成机制　储蓄　军事投资需求　储蓄转化为军事投资的渠道

中图分类号：D6　　　　**文献标识码**：A

巩固的国防和强大的军队，是国家主权、安全、领土完整的坚强后盾。一个国家、一个民族，要想在激烈的国际竞争中立于不败之地并有所作为，既要具有强大的经济实力，也要具有强大的国防实力。国防实力是国家安全的保障，是发展经济的强大后盾。而军事资本能从总体上反映国防实力，是一国国防实力的象征。那么，军事资本又是如何形成的？其内在机理是什么？影响军事资本形成机制和规模的因素有哪些？对于这些问题的探讨，有助于进一步分析国防实力形成的实质和对国防实力进行测度，并有利于探寻军事资本形成机制和规模的影响因素，为改善军事资本形成机制和提升国家的国防实力提供理论依据。

希尔德布兰特（G. Hildebrandt）在1980年发表的《军事资本的经济效果》（The Economics Of Military Capital）的文章中指出："军事资本就是军事部门所拥有的所有实物资产的总货币价值，这些资产包括：军事装备（military equipment，例如坦克和飞机）、军事机构（military facilities，例如总部、供给站和新兵训练营）以及作为存货的军火。"而军事资本的形成则是储蓄向军事投资的转化过程，包含三个基本要素：第一，必须有可以利用的储蓄资源。储蓄是军事资本形成的物质基础和供给力量；第二，必须有军事投资需求。没有军事投资需求，军事资本形成就会失去动力，可以利用的储蓄就不会转化为实际的军事投资；第三，必须有储蓄转化为军事投资的渠道。储蓄转化为军事投资的渠道是储蓄供给与军事投资相结合并最终促使实际军事投资形成的措施或手段。所谓军事资本形成机制，就是指储蓄供给、军事投资需求与储蓄转化为军事投资的渠道彼此之间相互作用、相互影响，从而共同决定军事资本形成过程与结果的机能。由此可见，完整的军事资本积累过程至少包括储蓄、军事投资和军事资本形成三个相关联的环节。而当储蓄供给和军事投资主体不一致时，在储蓄与军事投资之间还需要一个将储蓄导向军事投资的中介环节。因此，存在两种军事资本积累过程的表现形式：储蓄—军事投资—军事资本形成或储蓄—中介—军事投资—军事资本形成。

一、军事资本形成的物质基础——储蓄供给

储蓄理论一直是经济学关心的问题之一。在西方经济发展史上，出现了各种各样的储蓄定义和理论。英国经济学家马尔萨斯（Malthus，T. R.）的“节俭是非论”认为：“储蓄对经济是必要的，是一种美德，储蓄是将收入用于生产，增加其资本的一种支出。”20 世纪初，瑞典学派创始人维克塞尔（Wicksell，K.）在创建储蓄投资理论时，认为“现代所谓的储蓄，是由储蓄人将其积累的储蓄金信托于银行，然后由银行尽快地将其贷放于企业，而由企业将其运用于一种或另一种生产用途”。1930 年，英国著名经济学家凯恩斯（Keynes，J. M.）在《货币论》中对储蓄下了一个基本的定义，认为“储蓄是个人的货币收入和他对本期消费所作的货币支出之间的总差额。”

在开放经济条件下，一国的储蓄可以来自国内也可以来自国外。国内储蓄主要由居民储蓄、政府储蓄、企业储蓄构成。因此，按照不同的行为主体，储蓄可划分为居民储蓄、企业储蓄、政府储蓄和国外储蓄，这些储蓄供给就构成了军事资本形成的物质基础。

（一）居民储蓄

居民储蓄是指居民可支配收入减去消费、转移支付后的差额，分为实物性储蓄与金融性储蓄。其中实物性储蓄一般表现为固定资产投资和商品存货，金融性储蓄表现为金融资产的积累，包括存款、债券、股票、保险等。在其他条件不变时，家庭收入越高，扣除消费后的剩余越多，因此，提高家庭收入是提高储蓄的最直接的方法。从历史的角度来看，居民储蓄在经济发展水平较低，特别是人均收入水平较低时，占国民收入和社会总储蓄的比例并不高，作用也不重要。因为，在低收入水平上居民在消费和储蓄上进行选择的余地很小，大部分的收入要用于消费，因此居民储蓄水平往往很低。而在现代社会，随着居民收入的逐渐提高，大部分居民已经摆脱了绝对贫困的状况，居民可支配收入中可用于储蓄的份额也有所扩大，居民储蓄在社会总储蓄中的比重也上升到较高的比例。居民储蓄可以有多种存在方式，而居民储蓄存款只是其中的一种，居民还可以以国债、股票、企业债券、保险等其他资产形式持有其储蓄。正是有了大量的居民储蓄，政府或者军工企业才有可能通过税收、发行国债、企业债券和股票等方式，将居民储蓄转化为政府或者军工企业的投资，为军事资本的形成提供重要的物质基础。

（二）企业储蓄

对于军事资本形成的物质基础而言，这里的企业储蓄主要是指军工企业储蓄，是指军工企业税后利润中扣除向企业所有者分配利润后的余额。军工企业的税后利润包括两个部分：一部分是已分配给股东的股息，另一部分是剩余的未分配利润，未分配利润即是军工企业储蓄。军工企业储蓄是利润转化而来的，当军工企业将其利润用于投资时，一方面可以维持原有的军事资本存量；另一方面当军工企业投资购买新武器装备等军用产品时，其军事资本存量可以扩大，这有利于军工企业的发展。军工企业进行储蓄的主要动机就是扩大投资，既是为了满足短期的流动资金的需要，也是为了满足未来投资的需要。世界上大多数实力强盛的公司，其需要的大部分资金都来自于自身的积累，即企业储蓄。马歇尔、熊彼特和刘易斯等均把企业储蓄看作资本形成的唯一来源。军工企业储蓄作为企业总储蓄的一部分，在军事资本的形成过程中起着十分重要的作用，尤其是随着军工企业的市场化改革，军工企业的融资渠道呈现出多元化趋势，除了国家投资之外，军工企业还可以充分利用银行贷款、重组上市、引进外资等多种形式进行融资，其利润也随着军工企业的改革而日益增加。由于“储蓄的主要来源是利润”，在其他条件不变的前提下，军工企业储蓄供给水平的高低主要取决于军工企业的经营绩效。可见，军工企业利润的增加，必然会引起其储蓄的不断增长，从而使军工企业储蓄成为军事资本形成的一支重要的供给力量。

（三）政府储蓄

除了军工企业的储蓄之外，政府储蓄也是军事资本形成的重要物质基础。政府储蓄是政府收入减去政府支出后的余额，政府储蓄可以转化为政府投资，从而促使资本的形成。由于军用产品属于公共产品，只能由政府部门将储蓄中的一部分购买国外的军用产品或者将储蓄中的一部分投资于国内的军工企业，委托军工企业进行生产。因此，国内的军工企业除了面向市场开发和生产民用产品之外，还必须优先完成具有一定刚性的军用产品生产任务。由于资本具有同质的属性，不同投资者投资所形成的企业资本在生产经营中发挥着同样的功能，不同投资者对企业生产经营活动影响力的大小，将通过其在企业资本总额中所占比重的差异表现出来。在军工企业资本结构呈现出多元化趋势的前提下，为了使军工企业能够保障军品这一刚性生产任务的完成，必须确保国有资本在军工企业资本结构中的主体地位，与之相适应，国有资本应当在军工企业资本总额中处于控股地位。而国有资本的形成主要取决于政府储蓄，进而决定了政府储蓄成为军事资本形成的另外一支重要的供给力量，政府储蓄越多，转化成的政府投资就会越多，军事资本形成的可能性和规模就会越大。

（四）国外储蓄

在开放经济条件下，一个国家的储蓄还会包括国外储蓄。国外储蓄表现为国外资金的流入，其本质是一国进出口差额。当进口大于出口时，国外储蓄为正；当进口小于出口时，国外储蓄为负。国外储蓄的作用在于弥补国内储蓄缺口。当国内总投资大于国内总储蓄，也即存在储蓄缺口时，就必然需要有国外的资本流入。此时，进口大于出口，出现贸易赤字，这意味着国外资本处于净流入的状态，这部分净流入的国外资本起到弥补国内储蓄不足的作用。当国内总投资小于国内总储蓄时，国内储蓄过剩，此时出口将大于进口，存在贸易盈余，国内一部分资源流到国外，过剩的国内储蓄将通过盈余的方式转到国外，导致国外净储蓄为负。在国外储蓄形成的过程中，国外直接投资、对外直接投资和间接融资（包括对外借款和贷款）均对资本在国际范围内流动起到了积极的促进作用。国外直接投资和国外借款构成了一国意愿地或主动地吸收国外储蓄的方式，而对外直接投资和提供贷款则促使一部分资源流向国外。一国政府或军工企业可以通过将国外借款投资于军用产品的生产，或者允许国外直接投资购买本国军工企业的股份等形式促进本国军事资本的形成。同时，一国政府或军工企业也可以通过对外直接投资或提供贷款等形式促进其他国家军事资本的形成。

二、军事投资需求

如果说储蓄是军事资本形成的第一阶段，那么，军事投资就是军事资本形成的第二阶段，储蓄和军事投资都是资本形成的必要条件。通过军事投资，储蓄起来的生产和生活资料才能形成军事资本。从军事投资的主体看，包括企业投资、政府投资、国外投资和军人个人投资四个部门。

（一）企业部门的军事投资

企业部门的军事投资主要是一国的军工企业在军用产品方面的支出。军工企业通过投资军用产品，将企业内部的储蓄转化为军事投资。同时军工企业也可以通过发行债券和股票等金融工具，将居民储蓄转化为军工企业的投资。军工企业投资可分为三类：第一类就是非住宅性固定资产投资，即用于购买厂房和生产设备的投资。第二类是存货投资，包括产成品、在产品以及投入品价值增值的部分。军工企业的产品分为民用产品和军用产品，一般而言，民用产品投资的来源主要是军工企业自身的储蓄，而军用产品属于公共产品，投资军用产品一般出于国家利益，其投资来源一部分是国家财政支出，另一部分来自军工企业自身的储蓄。第三类是住宅性固定资产，指为建造住宅而进行的投资。可见，军工企业作为投资主体，其投资目的具有双重性，既要追求利润最大化，又要从国家安全出发，实现社会效用最大化。

（二）政府部门的军事投资

政府部门的军事投资可分为两部分：一部分是政府直接购买国

外军事产品进行直接投资；另一部分就是政府投资于国内军工企业，间接进行军事投资。政府军事投资的来源主要是一国的军费开支，军费开支是一国在一定时期内（通常是一年），用于支付士兵以及其他有关常备武器力量人员费用，以及由军方购买物品和从民用部门购买服务费用的总和。与企业军事投资相比，政府军事投资具有以下两大特点：第一，政府军事投资的目的是满足全体社会成员安全需要，追求的是社会效益最大化，而非利润最大化，具有很强的外部效应。第二，政府军事投资决策的模式和机制比较复杂。由于社会效益难以衡量，因此政府军事投资项目的最终确定往往要经过复杂的行政甚至法律程序，并通过层层审批才能结束。

（三）国外军事投资

国外军事投资是指国外企业在军事方面的投资。国外军事投资和国内企业军事投资以及政府军事投资的目的不同，国外军事投资把追求利润最大化作为投资的唯一目标。国外企业可以直接投资国内军事行业，也可以通过外资参股国内军工企业。国外军事投资对一国（特别是发展中国家）的作用主要在于国外军事投资能够带来先进的军事技术和知识以及智力方面的经验，同时和国内军工企业展开竞争，进而促进军事资源的配置效率。影响国外军事投资的因素是多方面的，东道国的政策和贸易条件、进行贸易的成本、知识产权保护状态等都是影响国外军事投资的因素。同时，军事投资往往涉及一个国家的机密问题，国家出于战略安全，会限制国外企业投资于涉及军事机密的产品。由于以上限制，国外企业一般在民用产品方面进行投资，在军用产品上的投资较少。

（四）军人个人投资

军人个人投资主要针对军事人力资本而言，是指军人入伍前个人在军事人力资本方面的支出，入伍后由于军人的职业特性，军事人力资本投资以国家和军队为主（一般以军费形式支付），官兵家庭和个人投资为辅。由于本文所涉及的军事资本主要指军事物质资本，有关军人个人投资的相关知识只做简单阐述。

三、储蓄——军事投资转化的渠道

储蓄构成了军事资本形成的物质基础，然而，储蓄形成后并不能直接形成军事资本，还需要经历从储蓄到军事投资的转化，才能形成军事资本。那么从储蓄到军事投资的转化是如何进行的？又有哪些机制发挥作用？这就会涉及储蓄—军事投资转化的渠道。储蓄—军事投资的转化渠道是指储蓄到军事投资所经由的“导管”，即储蓄供给与军事投资相结合并最终促使实际军事投资形成的措施或手段。在储蓄—军事投资转化的过程中，政府财政和金融机构发挥着重要作用，它们构成了储蓄—军事投资转化中的两种渠道。

（一）财政渠道

财政渠道是通过诸如税收、上缴利润、公共消费、资本性投资、发行国债、对外借款等各种财政收支形式，影响居民部门、企业部门和政府部门的收入分配和储蓄形成，进而影响这些部门的投资水平和结构。财政渠道的作用主要体现在财政政策和税收政策通过对国民收入的分配，影响储蓄的形成并影响储蓄向投资转化的规模。财政渠道在储蓄—军事投资转化中的作用体现在通过财政收支机制形成政府储蓄和政府在军事方面的投资。政府通过税收、债务收入和企业上缴利润等形式形成政府储蓄。同时，政府收支机制也决定政府军事投资规模，在政府储蓄不足时，政府可通过发行公债或者赤字政策形成政府在军事方面的投资。总之，财政渠道就是通过频繁多变的收支活动影响和改变着上述部门之间的收入比例和储蓄规模，并促进储蓄向军事投资的转化。

（二）金融渠道

金融渠道是以金融工具的交易和借贷关系为核心促进储蓄的生成并促进储蓄向军事投资的转化，它主要由金融机构、金融工具和金融市场三个基本要素构成，其作用机理是通过金融机构的服务和金融工具的交易使各个储蓄主体和军事投资主体在金融市场上按照效益原则发生关系，进而实现储蓄向军事投资转化。金融渠道又分为间接金融和直接金融两种。间接金融是指资金短缺者和资金盈余者通过银行等金融中介发行金融工具（如存单和信贷合同）来融通资金，具体是以银行信贷为载体，通过银行存款和银行贷款的形成实现储蓄向军事投资的转化。直接金融是指资金短缺者和资金盈余者之间不通过金融中介发行金融工具来融通资金的方式，而是以股票、债券、投资基金等为载体实现储蓄向军事投资转化的军事资本形成渠道。

财政渠道和金融渠道均是储蓄—军事投资转化中必不可少的渠道，但两者存在着较大差别，主要体现在金融渠道是一种市场机制，而财政渠道则是以强制性分配为主。在市场经济体制中，金融渠道将是储蓄—投资转化的主要渠道，在计划经济体制中，储蓄—投资转化的渠道主要是财政渠道。然而，对于储蓄—军事投资转化而言，由于军事投资的主体主要是政府部门，所以财政渠道在储蓄—军事投资转化机制中具有更大的作用。

储蓄供给、军事投资需求以及储蓄—军事投资转化渠道构成了军事资本形成的三个方面，任何一个方面都不能单独决定军事资本的形成。储蓄供给是军事资本形成的保证，其供给水平将最终决定军事资本形成的数量；军事投资需求是促使储蓄转化为实际军事投资的诱因，军事投资需求的强弱将会影响到储蓄中究竟有多大部分用于军事投资活动，进而影响到军事资本形成的规模。当军事投资需求较强时，储蓄会通过不同的转化渠道转到军事投资活动之中。当军事投资需求较低时，用于军事投资中的储蓄会有一部分游离于军事资本形成过程之外；储蓄—军事投资转化渠道对军事资本形成规模的影响主要表现在转化渠道自身对储蓄供给、军事投资需求水平的影响，并决定了储蓄—军事投资转化的效率。储蓄供给、军事投资需求与储蓄转化为军事投资的渠道彼此之间相互作用、相互影响，构成了军事资本的形成机制。

四、影响军事资本形成机制和规模的因素

以上分析了构成军事资本形成机制的三个基本要素：储蓄、军事投资和储蓄转化为军事投资的渠道。在经济生活中，影响储蓄、军事投资和储蓄转化为军事投资渠道的因素较多，这些因素也直接或间接地对军事资本形成机制和军事资本形成规模产生影响。

（一）收入机制

储蓄是军事资本形成的基础，而储蓄主要是由收入决定的。居民收入决定居民储蓄，企业利润决定企业储蓄，政府财政收入决定政府储蓄。可见，收入间接地决定了军事资本的形成，只有收入提高了，才有可能产生更多的军事资本积累。由于收入机制的不同会形成不同的储蓄主体，因此就会造成储蓄主体与投资主体的统一与

分离，当储蓄主体与军事投资主体统一时，只要投资者有军事投资需求，那么储蓄转化为军事投资就是顺利的，当储蓄主体与军事投资主体分离时，储蓄者与投资者的意愿不统一，那么储蓄转化为军事投资就可能存在障碍，就需要一定的渠道来沟通储蓄与军事投资，从而存在军事资本形成机制不顺畅的可能。

（二）金融市场体制和政府财政政策

金融渠道涉及各个部门之间的储蓄—军事投资转化的关系，它的健全与否关系到军事资本形成机制顺畅与否。当金融市场体制比较健全时，储蓄间接地转化为军事资本的效率就会较高，当金融市场体制存在缺陷时，储蓄向军事资本转化就会遇到困难。另外，政府的财政政策也会对军事资本形成机制产生影响。当政府采取扩张性的财政政策时，用于非军事领域的支出一般就会增加，财政收入就会减少，对军事投资产生消极影响，军事投资需求降低，军事资本形成机制也会受到一定的影响。相反，当政府采取紧缩的财政政策时（主要是增加税收），政府收入就会增加，在政府消费不变的情况下，政府储蓄也相应增加，政府就有足够的储蓄向军事投资转化，军事资本就容易形成。

（三）国家的国防战略

军事投资的需求和规模与一国奉行的国防战略密切相关。历史经验表明，当一个国家奉行扩张性国防战略时，其军事投资必然居高不下，军事投资需求就高，军事资本很容易形成。长期以来，美国国防支出高居世界各国之首，近几年国防支出持续攀升，就是为了给其对外扩张提供物质基础。日本的军事投资持续增长，也是因为其具有成为世界政治和军事大国的战略企图；当一国奉行依附性国防战略时，其军事投资往往较少。由于军事产品属于公共产品，而公共产品的消费不具有排他性，这样就可能使一些成员国搭便车。如北约的一些国家，其国防投资比北约主要国家美国少很多，美国的军事投资大大超过其同盟国家的投资水平。在北约军事同盟中，美国长期负担北约国防费的一半以上，最高时高达80%；另外一些国家奉行中立的防御性国防战略，其进行军事投资的主要目的是为了保卫国家的安全，这些国家一般维持着能够保卫国家安全的适当的国防力量，从而使军事投资保持适中的水平。

（四）一国所处的国际环境

在所处的国际环境较好的情况下，国家可以维持较低的军事投资水平，此时军事投资需求较低，军事资本形成受到一定限制。反之，则需要增加军事投资，军事投资需求就大，军事资本就容易形成。例如，在美苏冷战期间，美苏两国为争夺霸权地位，进行了大规模的军事投资，展开了激烈的军备竞赛，其他国家在这种环境下也被迫维持较高的军事投资，世界军费支出总额曾突破万亿美元大关。而冷战结束后，和平与发展成为时代的主题，国际形势缓和，各国纷纷削减军事投资，世界军费支出总额大幅下降。

（五）国家的经济实力

一般而言，一国经济实力越强，就会有足够的财力用于军事投资，越容易形成规模较大的军事资本。发达资本主义国家维持较高的军事投资，就是以其强大的经济实力为后盾的。同时，当一国的经济实力提升后，为了保证经济发展的和平环境，也往往会增加军事方面的投入。

五、改善军事资本形成机制和扩大军事资本规模的措施

军事资本的形成必须包含储蓄供给、军事投资需求和储蓄转化为军事投资的渠道三个因素，因此，需要从这三个方面来改善军事资本形成机制和扩大军事资本规模。

（一）促进军事资本形成的储蓄主体多元化

储蓄是军事资本形成的物质资源和基础，是军事投资的先导，增加的军事资本形成只能来源于增加的储蓄。因此，储蓄对军事资本的形成具有重要作用。中国的储蓄规模一直保持在较高水平，为中国军事资本的形成提供了重要的物质基础。《2010年金融统计数据报告》显示，2010年中国各种存款总额高达73.34万亿元，其中以住户存款（居民储蓄）和非金融企业存款（企业储蓄）为主，分别为31.23万亿元和31.41万亿元，占总存款额的比重分别为42.6%和42.8%，而财政存款（政府储蓄）仅为2.55万亿元，在总存款额中的比重仅为3.5%，其他存款（包括保险公司在银行业的存款和境外非居民存款）为1.53万亿元，在总存款额中的比重为2.1%[①]。目前，中国军事资本形成的储蓄主体主要是政府储蓄和军工企业储蓄，其中，军工企业储蓄来源于中国军工企业的利润，中国目前拥有10大军工集团，不足1000家军工企业，其利润占全国企业总利润的比重非常小，而中国政府储蓄的规模有限，这

---

① 资料来源：http://www.pbc.gov.cn/publish/goutongjiaoliu/524/2011/20110111093444972142070/20110111093444972142070_.html。

就导致了中国军事资本形成的物质基础薄弱。为了扩大军事资本形成的规模，有必要促进军事资本形成的储蓄主体多元化，军事资本的形成不能单单依赖政府和军工企业的储蓄，还需要依赖于居民储蓄和非军工企业储蓄。政府和军工企业可以采取发行国债、企业债券、股票等手段从居民储蓄中获取军事资本形成的物质基础，军工企业可以采取军民融合等方式使非军工企业储蓄成为军事资本形成的供给力量。

（二）优化军事投资主体结构

军工行业的特殊性导致中国军事投资的主体主要是政府部门和军工企业，非军工企业和国外企业很少参与军事投资。中国非军工企业的储蓄占总储蓄的40%以上，如果这些企业没有军事投资需求，那么军事资本的形成就会失去一个重要的供给力量，其规模也势必会大打折扣。而国外企业在军事方面的投资可以为国内军工行业带来先进的军事技术和知识以及智力方面的经验，同时可以和国内军工企业展开竞争，进而提高军事资源的配置效率。因此，为了确保军事资本形成的规模和形成效率，需要优化军事投资主体结构，降低进入门槛，让更多的非军工企业和国外企业投资军工行业，走军民结合、军外结合的道路。

（三）健全金融渠道，确保储蓄主体与投资主体的一致性

储蓄和军事投资都是资本形成的必要条件，但是当储蓄主体与军事投资主体分离时，就会存在军事资本形成机制不顺畅的可能。储蓄主体与军事投资主体分离主要是指居民储蓄和军事投资主体的分离，如果居民没有军事投资需求，那么储蓄主体（居民）就会与军事投资主体分离，这就需要财政渠道（税收、发行国债等）将居民储蓄变为政府储蓄，然后由政府利用这些储蓄进行军事投资，在

这个过程中，居民与军事投资者的意愿并不统一，储蓄转化为军事投资就可能存在障碍，从而导致军事资本形成机制的不顺畅性。金融渠道通过发行股票、企业债券等方式吸引居民投资于军工行业，使居民成为军事投资的主体之一，能够保证储蓄主体与投资主体一致，也就不存在军事资本形成机制不顺畅的可能。因此，在今后中国军事资本形成的过程中，需要健全金融渠道，确保储蓄主体与投资主体的一致性，进一步完善军事资本形成机制，提高储蓄向军事资本转化的效率。

总之，健全金融渠道，确保储蓄主体与投资主体的一致性，有助于完善军事资本形成机制，确保军事资本形成机制的顺畅性。促进军事资本形成的储蓄主体多元化和优化军事投资主体结构则可以扩大军事资本形成的规模和提高军事资本的形成效率。以上三条措施作为一个整体最终可以提升一个国家的国防实力，为经济的发展提供安全可靠的保障。

参考文献

[1] 胡锦涛：《在庆祝中国共产党成立90周年大会上的讲话》，《解放军报》2011年7月2日。

[2] Gregory G. Hildebrandt. The Economics of Military Capital [R]. The Rand Corporation, 1980.

[3] 王益、孙波、李万寿：《资本形成机制与金融创新》，经济科学出版社2003年版。

[4] 马尔萨斯：《政治经济学原理》，商务印书馆1962年版。

[5] 维克塞尔：《国民经济学讲义》，上海译文出版社1983年版。

[6] 凯恩斯：《货币论》上卷，商务印书馆1986年版。

[7] 马歇尔：《经济学原理》，商务印书馆1964年版。

[8] 刘易斯：《二元经济论》，北京经济学院出版社1989年版。

[9] 杜人淮：《市场经济条件下军工企业资本结构及其优化配置》，《南京政治学院学报》1998年第1期。

[10]（美）托德·桑德勒、（英）基斯·哈特利著，姜鲁鸣等译：《国防经济学手册》第2卷，经济科学出版社2011年版。

国防支出、产业结构与最优防务负担①

闫仲勇　　陈波

Yan Zhongyong　Chen bo

（中央财经大学国防经济与管理研究院　北京　100081）

内容提要： 本文运用协整理论从产业结构的角度分析了中国国防支出与经济增长之间的长期均衡关系。研究发现中国国防支出与经济增长之间存在着长期均衡关系，但与三大产业之间的长期均衡关系并不一致：其中与第一产业之间有显著的长期均衡关系，而与第二产业和第三产业之间并不存在这种关系。同时，格兰杰因果检验表明GDP和第一产业均对国防支出有显著的促进作用。最后，结合部分调整模型估计出中国最优防务负担和防务负担的合理区间，认为中国最优的防务负担应维持在3%左右，防务负担的合理区间应在2%～4.8%之间。

① 此论文已经发表在《中央财经大学学报》2009年第8期，此论文获得中央财经大学第十二届研究生学术论文大赛奖。

关 键 词：国防支出　协整理论　部分调整模型

中图分类号：F810.45　　　　**文献标识码**：A

一、引　言

在国家经济实力有限、国际安全形势允许的情况下，如何保持适度的国防支出规模，为经济建设提供更多可利用资源，显得尤为重要。只有适度的国防支出投入以及合理的防务负担才能保证国防建设和经济建设的协调发展。那么中国的防务负担是否合理，倘若不合理那么合理的或者最优区间范围又是多少？国防支出与经济增长之间是否存在着长期均衡关系，是经济增长促进了国防建设还是国防投入促进或阻碍了经济增长呢？国防支出与三大产业之间又是否存在长期均衡关系呢？这些问题都值得研究。

有关中国国防支出与经济增长研究比较晚，相关文献也较少。陈（Chen，1993）的研究认为在中国国防支出与经济增长之间不存在因果关系。刘群（1996）选取1978～1994年间中国大陆国防支出和GNP数据，对两者之间的关系进行了二元回归分析，其相关系数为0.0095，表明这一时期国防支出与GNP的相关性很小。迈什（Maish，1997）等人却发现中国的国防支出对经济增长存在单向因果关系。孙倩和余乔（1999）利用局部均衡模型对1965～1993中国大陆国防支出的决定问题进行了经验研究，得出的结论是：中国大陆的国防支出与国民收入呈正相关关系。卢周来（2005）选取1953～2001年间的国防支出和中国大陆GDP数据为时间序列样本，运用新古典模型对中国大陆国防支出的决定因素进行回归分析，发现中国大陆的国防支出与国民收入呈正相关关系。刘涛雄、胡鞍钢（2005）采用两部门外部性模型，将国防开支对经济增长的影响分解为规模效应和外部性效应两部分，利用中国1960～2000年时间序列数据进行检验，结果表明：中国国防支出的规模效应与经济增长的关系为正向，同时国防支出对经济增长有负的外部性，即规模效应为正，外部性效应为负。陈波（2005）应用格兰杰因果检验方法对 1954 ~ 2000 年样本区间内国防支出与经济增长的关系进行实证性研究，研究结果表明：1954 ~ 2000 年样本区间内国防支出与经济增长之间缺乏长期的均衡关系，1980 ~ 2000 年样本区间内则存在这种长期的均衡关系。随着 20 世纪 80 年代协整理论和误差修正理论的兴起，格兰杰因果检验模型也得到的很大发展，这种模型不仅可以检验国防支出与经济增长之间的因果关系，而且能得出两者之间的均衡关系，比传统模型更加合理，应用也更广泛。然而，目前无论在国际还是国内运用这种模型研究国防支出与经济增长的关系时，大多只检验和分析了两者之间的因果关系和协整关系，很少有人研究国防支出与各产业之间的关系，国防支出与经济增长之间比例关系的实证分析更是缺乏。为此，本文采用格兰杰因果检验模型和协整理论分析了 1952 ~ 2005 年间中国国防支出与经济增长以及与三大产业间的因果关系和协整关系，并利用向量自回归模型对中国未来 3 年的国防支出进行预测，同时结合部分调整模型研究中国国防支出与 GDP 之间的最优比例关系及最优区间。

二、模型的建立

1. 长期均衡模型的建立。为验证国防支出与经济增长之间是否存在长期均衡关系，本文以约尔丁（Joerding）的模型为基础，同时为消除异方差性和求得弹性，对所有数据取以 10 为底的对数，建立双对数模型，方程形式如下：

$$\log(Y_t) = \alpha + \beta_1 \log(X_t) + u_t \quad (1)$$

其中，Y_t 为国防支出，X_t 为 GDP 或第一产业、第二产业、第三产业的产值，u_t 为误差项，α 为常数项，β_1 为斜率系数，在这里表示弹性。如果 $\log(y_t)$ 与 $\log(x_t)$ 之间存在协整关系，则两者之间就存在长期均衡关系。这种关系可以用 β_1 来反映：$\beta_1=(\Delta Y_t/Y_t)/(\Delta X_t/X_t)$。由于反映的是长期均衡关系，也就是 Y_t 达到稳态时两者之间的关系，所以在一定时期内 β_1 是相对稳定的。

2. 部分调整模型的建立。为了分析国防支出占 GDP 的最优比重以及最优区间，也就是最优防务负担，本文建立了部分调整模型，如下所示：

$$Y_t^*=\alpha+\beta X_t \tag{2}$$

其中，Y_t^* 为理想的或最优的国防支出，X_t 与模型（1）中的含义相同。

由于 Y_t^* 不能观测，本文根据“部分调整假说”对 Y_t^* 进行调整，即假定因变量的变动（Y_t-Y_{t-1}）与其理想值和前期值之间的差异($Y_t^*-Y_{t-1}$)成比例：

$$Y_t-Y_{t-1}=\delta(Y_t^*-Y_{t-1})+u_t \tag{3}$$

式中 δ 称为调整因子，表明实际值 Y_t 向理想值 Y_t^* 调整的速度，δ 越大调整速度越快，但 $0\leqslant\delta\leqslant1$。（3）式可以化为一般形式：

$$Y_t=(1-\delta)Y_t^*+\delta Y_{t-1}+u_t \tag{4}$$

由（4）式可见，Y_t 是现期理想值和前期实际值的加权平均。将（2）式代入（4）式中，得：

$$Y_t=\delta\alpha+\delta\beta X_t+(1-\delta)Y_{t-1}+\delta u_t \tag{5}$$

（5）式可看成：

$$Y_t=\beta_0+\beta_2X_t+\beta_3Y_{t-1}+w_t \tag{6}$$

对（6）式进行 OLS，得到 $\hat{\beta}=\hat{\beta}_2/(1-\hat{\beta}_3)$，$\beta$ 在一定时期内是相对稳定的。由 $\beta_1=(\Delta Y_t/Y_t)/(\Delta X_t/X_t)$ 可得，$Y_t/X_t=\Delta Y_t/(\Delta X_t\beta_1)$，

进而得到最优防务负担 $Y_t^*/X_t=\Delta Y_t^*/(\Delta X_t\beta_1)$。由（2）式可得，$\beta=\Delta Y_t^*/\Delta X_t$，代入 $Y_t^*/X_t=\Delta Y_t^*/(\Delta X_t\beta_1)$，得到最优防务负担 $Y_t^*/X_t=\beta/\beta_1$，将估计值代入得：

$$Y_t^*/X_t=\hat{\beta}/\hat{\beta}_1=\hat{\beta}_2/[(1-\hat{\beta}_3)\hat{\beta}_1]$$

为了得到防务负担的一个最优区间，本文假设 $\log(\hat{\beta}_1)$、$\log(\hat{\beta}_2)$、$\log(\hat{\beta}_3)$ 均服从正态分布①，并根据 $\hat{\beta}_1$、$\hat{\beta}_2$、$\hat{\beta}_3$ 求出 $\log(\hat{\beta}_1)$、$\log(\hat{\beta}_2)$、$\log(\hat{\beta}_3)$ 的均值和方差。对 $Y_t^*/X_t=\hat{\beta}/\hat{\beta}_1=\hat{\beta}_2/[(1-\hat{\beta}_3)\hat{\beta}_1]$ 两边取以 10 为底的对数得：

$$\log(Y_t^*/X_t)=\log(\hat{\beta}_2)-\log(1-\hat{\beta}_3)-\log(\hat{\beta}_1)$$

由正态分布的线性性质得知，$\log(\hat{\beta}_2)-\log(1-\hat{\beta}_3)-\log(\hat{\beta}_1)$ 也服从正态分布，给出显著性水平求出 $\log(\hat{\beta}_2)-\log(1-\hat{\beta}_3)-\log(\hat{\beta}_1)$ 的估计区间，也就是 $\log(Y_t^*/X_t)$ 的一个区间范围，再取以 10 为底的指数，得到 Y_t^*/X_t 的一个估计区间。

三、实证分析

1. 数据的选取和处理。本文选取的样本为 1952～2005 年间的年度数据。用 DE 表示国防支出，GDP 表示国内生产总值，AG、ID、SE 分别表示第一产业、第二产业、第三产业的产值，原始数据来源于《新中国 50 年统计资料汇编》及有关各期的《中国统计年鉴》。采用 1950 为基期的商品零售价格指数对国防支出进行调整，采用 1952 年为基期的国内生产总值价格指数、第一产业价格

① 对大样本来讲这种假设是合理的。

指数、第二产业价格指数、第三产业价格指数分别对 GDP、第一产业、第二产业和第三产产值业进行调整。

2. 单位根检验、协整检验和格兰杰因果检验。为分析国防支出与经济增长之间的协整关系，首先要检验两者是否是同阶单整，只有同阶单整的变量才有可能存在协整关系。本文利用采用 ADF 检验方法检验了国防支出、GDP、第一产业、第二产业、第三产业的对数是否平稳。根据实际情况，对于对数的实际值采用包括常数项和时间趋势的检验形式，对于一阶差分后的变量采用不包括常数项和时间趋势的形式。检验结果见表 1。

表 1　　　　单位根检验结果

变量名	ADF		是否平稳
	数值	概率	
log（*GDP*）	-1.57	0.79	不平稳
log（*AG*）	-1.87	0.65	不平稳
log（*ID*）	-1.64	0.76	不平稳
log（*SE*）	-3.65	0.04	平稳
log（*DE*）	-1.64	0.76	不平稳
Dlog（*GDP*）	-2.7	0.008	平稳
Dlog（*AG*）	-3.72	0.03	平稳
Dlog（*ID*）	-2.71	0.008	平稳
Dlog（*SE*）	-6.64	0.0	平稳
Dlog（*DE*）	-5.7	0.0	平稳

注：D 表示一阶差分；阶数的选择由软件根据 AIC 准则自动选取。

由表 1 知，除了 log（*SE*）的水平值在 5% 的显著性水平下平稳外，其余的取对数后的变量均为非平稳的，log（*DE*）与

log（*SE*）之间一定不存在协整关系。而一阶差分后所有取对数后的变量在 5% 显著性水平下均是平稳的，说明 log（*DE*）与 log（*GDP*）、log（*AG*）、log（*ID*）之间可能存在协整关系，下面采用 JJ 检验法进行检验，JJ 检验法具有 5 种检验形式，通过比较分析，选取结果相对较好的第三种形式进行协整检验，即序列有确定性趋势，但协整方程只有截距项。检验结果见表 2。

表 2　JJ 协整检验结果

变量名	原假设	备则假设	特征值	Trace Statistic（P 值）	λ - max 统计量（P 值）	滞后阶数	结论
log(*DE*) log(*GDP*)	*R* = 0 *R* ≤ 1	*R* = 1 *R* = 2	0.26 0.024	14.25(0.077)* 1.09(0.30)	13.15(0.074)* 1.09(0.30)	8	存在一个协整关系
log(*DE*) log(*AG*)	*R* = 0 *R* ≤ 1	*R* = 1 *R* = 2	0.27 0.043	16.70(0.033)** 2.04(0.15)	14.65(0.043)** 2.04(0.15)	6	存在一个协整关系
log(*DE*) log(*ID*)	*R* = 0 *R* ≤ 1	*R* = 1 *R* = 2	0.17 0.021	9.15(0.35) 0.95(0.33)	8.20(0.36) 0.95(0.33)	7	不存在协整关系

注：** 表示在 5% 的显著性水平下拒绝原假设，* 表示在 10% 的显著性水平下拒绝原假设。滞后阶数的选择原则根据似然比以及 AIC 准则。*R* 表示协整方程个数。

从表 2 可以看出，迹检验和最大特征值检验均表明在 10% 的显著性水平下，log（*DE*）与 log（*GDP*）之间存在一个协整关系，在 5% 的显著性水平下，log（*DE*）与 log（*AG*）之间也存在一个协整关系，而 log（*DE*）与 log（*ID*）之间没有协整关系。log（*DE*）与 log（*GDP*）之间、log（*DE*）与 log（*AG*）之间存在一个协整关系不仅表明 log（*DE*）与 log（*GDP*）之间以及 log（*DE*）与 log（*AG*）之间存在长期均衡关系，同时表明了 log（*DE*）与 log（*GDP*）之间以及 log（*DE*）与 log（*AG*）之间至少存在一个方向上的格兰杰因果关系，但究竟谁是谁的原因需要通过格兰杰因果检验进行验证，结果见表 3。表 3 显示 log（*GDP*）和 log（*AG*）都是引起 log（*DE*）的原因，而 log（*DE*）不是 log（*GDP*）和 log（*AG*）的原因。

表 3　格兰杰因果检验结果

原假设	F－统计量	概率值	滞后阶数	结论
log(*GDP*)不是 log(*DE*)的格兰杰原因	5.00	0.01***	2	log(*GDP*)是 log(*DE*)的格兰杰原因
log(*DE*)不是 log(*GDP*)的格兰杰原因	0.92	0.40	2	log(*DE*)不是 log(*GDP*)的格兰杰原因
log(*AG*)不是 log(*DE*)的格兰杰原因	6.00	0.0049***	2	log(*AG*)是 log(*DE*)的格兰杰原因
log(*DE*)不是 log(*AG*)的格兰杰原因	0.31	0.73	2	log(*DE*)不是 log(*AG*)的格兰杰原因

注：*** 表示在 1% 的显著性水平下拒绝原假设。

3. 最优防务负担的实证分析。采用部分调整模型和协整模型对中国最优防务负担进行实证分析，根据本文第二部分的分析，建立部分调整模型，得到如下结果（括号内为 t 值）。

$$DE = 0.099 + 0.0096 \times GDP + 0.80 \times DE(-1)$$

$$(0.41)\quad(2.12)\quad(3.68)\quad R^2 = 0.69$$

其中，$1-\delta=0.8$，$\delta=0.2$，$\beta=0.0096/\delta=0.048$，最优防务负担 $Z^*=\beta/\beta_1=0.048/1.59=0.0302$。

$\log(\delta\beta)\sim N(-3.3, 0.004)$，$\log(1-\delta)\sim N(-0.01, 0.0015)$，$\log(\beta_1)\sim N(-1.88, 0.0056)$，$\log(\delta\beta)-\log(1-\delta)-\log(\beta_1)\sim N(-1.5, 0.0096)$，在 5% 的显著性水平下，得到 $\log(\delta\beta)-\log(1-\delta)-\log(\beta_1)$ 的一个置信区间（-1.69，-1.31），取以 10 为底的指数，得到防务负担的最优区间（0.0204，0.048）。可见，中国的防务负担应控制在 2% ~4.8% 之间，低于 2% 国防建设就会受到一定阻

碍，而高于4.8%则会影响到中国的经济建设。按照国家统计局公布的1979~2004年中国GDP平均增长率9.6%计算，未来3年中国GDP分别为200660.94、219924.39、241037.13亿元，用第一产业预测的未来3年中国国防支出分别为2703.80、2939.43、3202.52亿元，所以未来3年中国的防务负担依次为1.35%、1.34%和1.33%，基本保持在1.4%左右。本文认为中国最优防务负担应在3%左右，这与世界发达国家的平均水平比较接近，但由于中国面积广大、人口多，平均到每平方米土地和每个人上，这个比例并不算高。而最近几年中国的防务负担基本上维持在1.4%左右，这个比例偏低，应该在不影响经济发展的基础上适当增加国防投入，加快国防建设。

四、结论与建议

本文运用协整模型和格兰杰因果检验模型分析了1952~2005年中国国防支出与经济发展之间的长期均衡关系和因果关系，并结合部分调整模型分析了中国防务负担的合理区间，得到以下结论：

1. 中国国防支出与GDP之间存在协整关系，即两者存在长期均衡关系。同时格兰杰因果检验表明GDP对国防支出有促进作用，而国防支出对GDP没有促进或阻碍作用。

2. 国防支出与三大产业之间的协整关系并不一致：其中与第二产业和第三产业之间不存在协整关系，与第一产业之间存在明显的协整关系，而且存在这种协整关系的概率要高于国防支出与GDP存在协整关系的概率，第一产业的发展比GDP更能促进国防支出的发展，并且第一产业对国防支出的预测精度要高于GDP对国防支出的预测精度。随着中国经济的发展以及国家对农业的重视，中国的国防建设也将会有较快发展。

3. 通过协整模型和部分调整模型得到中国最优防务负担为3%左右，防务负担的合理区间为2% ~4.8%。

目前中国的国防支出虽然每年都在增加，但占 GDP 的比重却在下降。根据党中央坚持国防建设和经济建设协调发展的方针，在保持经济快速稳定发展的前提下，应加强中国国防建设，适当增加国防支出的投入。在注重国防支出合理结构的同时，要高度重视中国经济发展和第一产业的发展，依靠发展中国经济和第一产业来促进中国的国防建设。

参考文献

[1] Chen, C. H. Causality between Defence Spending and Economic Growth: the cause of mainland of China [J]. Journal of Economics Studies, 1993: 2037 ~43.

[2] 罗敏:《中国国防经济学: 2006》, 中国财政经济出版社 2007 年版。

[3] 胡鞍钢、刘涛雄:《中国国防支出对经济增长的影响: 一个两部门外部性模型》,《中国国防经济》2005 年第 1 期。

中国军事资本测度
——基于永续盘存法①

闫仲勇
Yan Zhongyong

（国防科学技术大学人文与社会科学学院　湖南长沙　410074）

内容提要：永续盘存法是测度资本存量的常用方法，但其在军事资本中的应用还处于起步阶段。本文利用永续盘存法对中国的军事资本进行了测度。结果表明，中国军事资本总体上呈现上升趋势，但军事资本的增长速度要落后于总资本的增长速度。因此，要在考虑经济承受力的情况下，逐步增加中国的军事资本，保证中国良好的经济发展环境和国家主权不受侵犯。

关键词：军事资本　永续盘存法　折旧率

中图分类号：EO－054　　**文献标识码**：A

---

① 此论文已经发表在《经济论坛》2014年第5期。

一、引　言

巩固的国防和强大的军队，是国家主权、安全、领土完整的坚强后盾。一个国家、一个民族，要想在激烈的国际竞争中立于不败之地并有所作为，既要有强大的经济实力为基础，也要有强大的军事实力为保障。目前，世界正在经历着重大而深刻的变化，虽然和平与发展仍然是时代的主题，但同时也要看到霸权主义和强权政治依然存在，各种分裂主义、恐怖主义活动和极端主义势力猖獗，传统和非传统安全因素交织在一起，对中国经济的发展产生了消极影响。中国经济建设的环境并不乐观，外有日本右翼势力、美国霸权主义等因素的威胁，内有“台独”和“藏独”顽固势力的破坏，另外，中国周边地缘政治军事环境相当复杂，历史遗留的领土和领海争端较多，海洋权益不断遭受侵犯，成为阻碍中国经济发展的不确定因素。中国能否实现和平发展，能否顺利地实现宏伟的发展目标，一个重要因素在于是否有一个和平、安全、稳定的发展环境，而和平、安全、稳定的发展环境必须以强大的军事实力作保障，强大的军事实力对内可以增强经济建设的安全感，对外可以增强威慑力，而军事资本能从总体上反映军事实力，是一国军事实力的象征，因此，研究象征军事实力的军事资本就显得尤为重要。为此，本文试图采用永续盘存法对中国军事资本进行测度，以便得出中国真实的军事实力数据。

永续盘存法是测度军事资本的一种重要方法。查尔斯·沃尔夫（Charles Wolf）在1989年首先采用永续盘存法估算了15个国家和地区（美国、苏联、中国、日本、西德、英国、法国、印度、韩国、中国台湾地区、巴西、阿根廷、土耳其、埃及、墨西哥）1950~2010

年的军事资本数值。当时，他没有明确提出永续盘存法的概念，但其测度军事资本的思想、步骤和永续盘存法一致。查尔斯·沃尔夫在 1995 年又研究了 6 个主要国家和地区（美国、日本、中国、中国台湾地区、韩国和印度）的军事资本，并提出了测度军事资本的具体公式：

$$MK(t) = \pi MS(t) + (1-\delta) MK(t-1) \quad (1)$$

（1）式中，$MK(t)$ 为 t 年的军事资本，$MS(t)$ 为 t 年的国防支出，π 为国防支出中用于装备采办和建筑物的比例，δ 为军事资本的折旧率。

中国学者胡鞍钢（2003）借鉴查尔斯·沃尔夫的研究方法，采取国际通行的资本积累模型方法（本质为永续盘存法），在国内首次估算了 1952～2001 年中国军事资本及其占全国总资本的比重。

查尔斯·沃尔夫对中国、印度、日本、美国等国军事资本长期趋势的估算，旨在为美国国防部提供战略分析，缺乏对中国国防战略的具体分析，严重高估了中国国防支出在 GDP 中的比重，进而高估了中国军事资本；胡鞍钢考虑到了这些情况并对查尔斯·沃尔夫的不足进行了修正，但在测度中国军事资本时，胡鞍钢和查尔斯·沃尔夫均没有严格区分资本品的效率递减模式，他们都是根据假定给出了一个变化的折旧率，套用公式（1）对军事资本进行测度，没有意识到公式（1）成立的条件（即资本品的折旧率为常数）①，因而，测度出的数据也就不准确。文章第二部分对查尔斯·沃尔夫等人的不足进行了修正。

① 证明参考黄勇峰、任若恩、刘晓生：《中国制造业资本存量永续盘存法估计》，《经济学（季刊）》2002 年第 1 期，第 381 页。

二、中国军事资本的测度

本文运用永续盘存法，采用公式（1），同时针对中国的具体情况对数据等进行了修正，测度了中国 1952～2009 年的军事资本。具体步骤如下：一是确定国防支出序列；二是确定军事投资或军事投资比例 π；三是确定合适的折旧率或重置率 δ；四是确定价格指数对现行价格的军事投资序列进行缩减以得到一个可比价军事投资序列；五是确定基期军事资本；六是采用式（1）测度出军事资本序列。

（一）数据

1. 关于国防支出。世界上许多机构都对中国国防支出进行了估算，最著名的机构有斯德哥尔摩国际和平研究所（SIPRI）、兰德公司（RAND corporation）、美国军备控制与装备署（ACDA）、美国中央情报局（CIA）、美国国防情报局（DIA）、伦敦国际战略研究所（IISS）等。不同的机构由于采用的方法和研究目的不同，得到的结果也不同，有的甚至相差数十倍。例如，美国军备控制与装备署对中国国防支出的估算就太高，该机构认为中国 1997 年的国防支出为 749 亿美元，是中国政府公布数据的 7.6 倍，明显带有一定的政治偏见。国外很多机构出于各种目的，认为中国国防费不透明，官方数据偏低。实际上，正如解放军军事科学院研究员、国防白皮书的撰写人之一陈舟博士所说：中国的国防支出是客观的、透明的，不存在隐性军费，中国的国防支出的增长是严格按照国家安全和国防的需求，同时也考虑到了中国经济发展的水平，因而，采用中国国防支出的官方数据更能反应出中国军事资本的真实情况。

本文采用1952~2009年中国国防支出的官方数据，2004年前（包括2004年）的官方数据来自《新中国五十五年统计资料汇编》，2004年后的数据来自《中国统计年鉴2010》。

2. 军事投资比例 π 的确定。在确定国防支出之后，还需要确定军事投资在国防支出中所占的比例 π 以计算历年的军事投资。中国的国防支出包括人员生活费、活动维持费和装备费，本文所指的军事投资主要是国防支出中用于装备费的投资。胡鞍钢（2003）在测度中国军事资本时，假定国防支出中30%为资本品投资，即 π 为30%，并指出这个比例与查尔斯·沃尔夫等人的假定基本一致。然而，从动态变化和已有经验数据来看，国防支出越多，武器装备费在国防支出中所占比重便越多。基于中国国防支出总量不断增长的事实，采用变化的军事投资比例更加合理，本文依据已有的装备费比重（见表1）计算出军事投资比例的平均发展速度为1.5878%，据此推算出1952~2009年历年的军事投资比例 π。

表1　　中国国防支出结构变化表

年份	人员生活费（亿元）	活动维持费（亿元）	装备费（亿元）	人员生活费比重（%）	活动维持费比重（%）	装备费比重（%）
1994	187.74	188.45	174.52	34.09	34.22	31.69
1997	291.62	265.36	255.59	35.89	32.66	31.45
1998	322.7	298	314	34.52	31.88	33.59
1999	348.6	380.3	347.8	32.39	35.33	32.31
2000	405.5	412.74	389.3	33.58	34.18	32.24
2001	461.63	485.81	494.6	32.01	33.69	34.30
2002	540.43	581.23	572.78	31.65	34.03	33.54
2003	620.06	641.04	646.77	32.50	33.60	33.90
2005	831.59	806.83	836.54	33.60	32.60	33.80

资料来源：根据国务院发布的相关年份《中国的国防》以及1995年的《中国的军备控制与裁军》整理得到。

3. 折旧率 δ 的确定。采用永续盘存法测算军事资本时，需要确定的一个重要指标就是折旧率。查尔斯·沃尔夫（1995）在测度中国 1994～2015 年的军事资本时，假定 20 世纪 90 年代的折旧率为 8%，2001～2015 年的折旧率为 10%；胡鞍钢采用的中国军事资本折旧率从 1952 年的 4% 线性递增到 2001 的 8%。由于查尔斯·沃尔夫等人忽略了折旧率为常数的假定，本文没有采用他们的做法，而是严格按照几何递减模式计算出中国军事资本的折旧率，具体操作如下：假设一项资产的寿命为 L，初始价值为 K，在寿命结束时残值为 S，则残值率 $s=\frac{S}{K}$，设资产价值以 δ 按照几何形式递减，则有：

$$K=\delta K+\delta(1-\delta)K+\cdots+\delta(^{l}-\delta)L^{-1}+S$$
$$=\frac{\delta[1-(1-\delta)^{L}]}{1-(1-\delta)}K+S \tag{2}$$

由（2）式得出相对效率遵循几何递减模式时的折旧率：$\delta=1-s^{1/L}$。

可见，在几何递减模式下，只要确定了资产的寿命和资产报废时的残值率就能确定折旧率。李京文等（1993）采用中国法定的 3%～5% 的残值率，按照式（2）计算出中国设备和建筑物的折旧率，他认为按照法定的残值率得到的几何折旧率的估计相当高，对此的解释是：国家总是试图在国有资产的寿命期内尽可能对其提取折旧，以便及时收回被折旧资产的原有价值。据此可以推断，法定的残值率要比经济折旧意义下的残值率低很多。李京文等在对有效的经济折旧率的估算中，推算出设备和建筑物的残值率分别为 17% 和 40%。在资产寿命的设定方面，多数研究假定中国设备的寿命为 18 年左右，例如，黄勇峰等（2002）将设备寿命设定为 16 年，张军等（2004）假定各省全部设备的平均寿命为 20 年，本文结合国际惯例和中国的实际情况，设定中国军事资产的平均寿命为 18 年，残值率采用李京文推算出的设备折旧率 17%，进而得到中国军事资本的折旧率为9.4%，这个折旧率和张军估算出的折旧率（9.6%）很接近，与查尔斯·沃尔夫采用的8%～10%的折旧率也比较接近，而与胡鞍钢采用的4%～8%的折旧率差别较大。

4. 价格指数的确定。由于价格变动致使军事投资价值不具有可比性，在采用永续盘存法时，需要利用价格指数将以当年价格表示的军事投资折算成以基年不变价格表示的实际值。

由于资料的可获得性，军事投资价格指数一般借用固定资产投资价格指数，张军（2004）等人采用的固定资产投资价格指数和中国官方统计的数据比较接近，并且他们的推导过程比较合理，因此，本文1952～1991年的固定资产投资价格指数采用张军等计算出来的1952年不变价固定资产投资价格指数，1991年以后的数据直接采用《中国统计年鉴》上的数据，并调整为1952年不变价数据，图1反映了采用1952年不变价中国固定资产投资价格指数的变化情况。

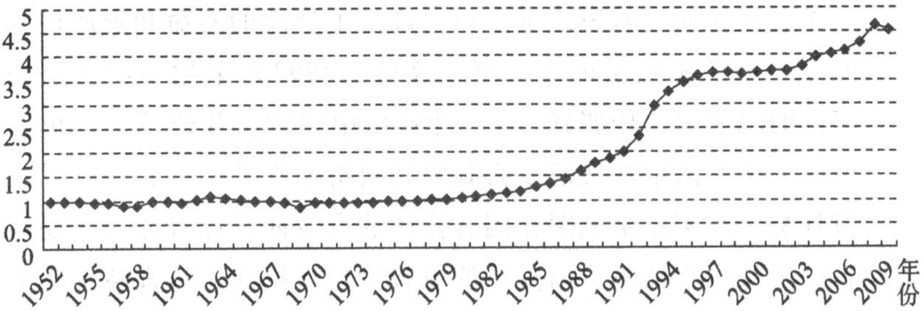

图1　1952～2009年中国固定资产投资价格指数演进图

注：菱形代表固定资产投资价格指数（1952=1）。

5. 基期军事资本的确定。对于初始年份或基年的选择，本文采用查尔斯·沃尔夫和胡鞍钢的做法，将1952年定为初始年份。查尔斯·沃尔夫通过衡量军事装备的存货估算出1952年中国军事资本为1100亿美元（1986年不变价），将其根据购买力平价指数

（PPP）和 GDP 平减指数[①]折算成 1952 年当年价军事资本（即基期军事资本）为 542.5 亿元，而根据张军计算出的 1952 年中国总资本只有 748.6 亿元，显然查尔斯·沃尔夫选择的基期军事资本不符合中国的实际情况；胡鞍钢（2003）在测度中国军事资本时，以 1952 年为初始年份，估计出 1952 年全国总资本为 320 亿元（当年价），假定其中 15% 为军事资本，即 1952 年当年价军事资本为 48 亿，按照 1987 年不变价计算出 1952 年的军事资本（即基期军事资本）为 109.96 亿元。

莱因斯多夫（Reinsdorf）和科弗（Cover，2005）提出了一种估算基期资本的改进模型：$K_0 = I_0 \frac{g+1}{g+\delta}$。式中，$I_0$ 为初始年份的投资，δ 表示折旧率，g 表示在初始年份之前平均投资增长率，他们同时证明了这种模型的合理性，故本文采用莱因斯多夫和科弗的模型，考虑到新中国成立前中国发生的战争较多，军事投资的数量和增长率会较高，本文选取 g 和 δ 均为 10%，得到中国 1952 年的当年价军事资本为 81.3 亿元，约占张军计算出的 1952 年资本总量的 11%。为了便于和胡鞍钢 1987 年不变价的数据做比较，本文利用张军估算出的固定资产投资价格指数，将以当年价表示的 1952 年军事资本转变成 1987 年不变价数据，得到转变后的 1952 年军事资本为 116.5 亿元，这个结果和胡鞍钢估算出的 109.96 亿元比较接近。

（二）测度

首先，将国防支出利用图 1 中的固定资产投资价格指数调整为 1952 年不变价数据，之后将 1952 年基期军事资本 81.3 亿元，以及折旧率 9.4%、各期国防支出和军事投资比例数据代入（1）式，

---

① 美国 GDP 平减指数根据美国经济分析局网站（http：//bea.doc.gov）数据推算得到。购买力平价指数数据来自 http：//pwt.econ.upenn.edu/。

得到1952～2009年中国的1952年不变价军事资本变化趋势，见图2。

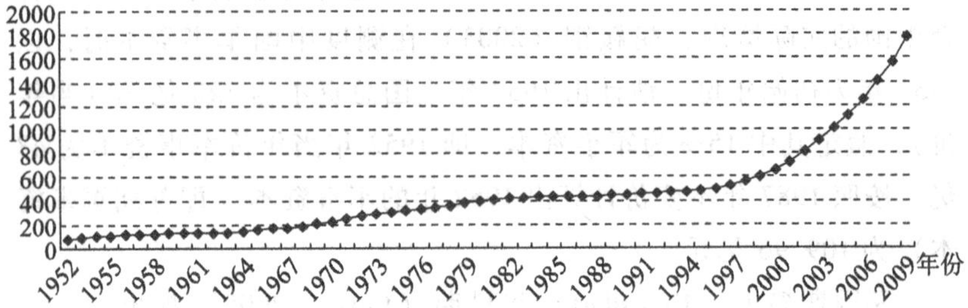

图2　1952～2009年中国军事资本变化趋势图（单位：亿元，1952年不变价）

注：菱形代表军事资本。

通过图2可以看出，中国军事资本总体上呈现上升趋势，其值由1952年的81.3亿元逐步上升到2009年的1770.83亿元，平均几何增长速度为5.55%，具体可分为三个阶段：第一阶段（1952～1979年）的军事资本增长稳定，由1952年的81.3亿元增长到1979年的383.86亿元，平均几何增长速度为5.92%；第二阶段（1980～1996年）的军事资本增长缓慢，由1980年的401.12亿元增长到1996年的506.37亿元，平均几何增长速度为1.47%；第三阶段（1997～2009年）为高速增长阶段，在这11年内，中国军事资本由1997年的528.88亿元增长到2009年的1770.83亿元，平均几何增长速度高达10.6%。

本文同时计算了军事资本占全国总资本的比重（M_1），并和胡鞍钢计算出的中国军事资本占全国总资本的比重（M_2）进行了对比，见图3。

从图3可以看出，本文得出的M_1和胡鞍钢得出的M_2发展趋势十分相似，但总体而言，本文计算出的军事资本占全国总资本的比重要低于胡鞍钢计算出的比重。在不考虑1952～1959年这段时期

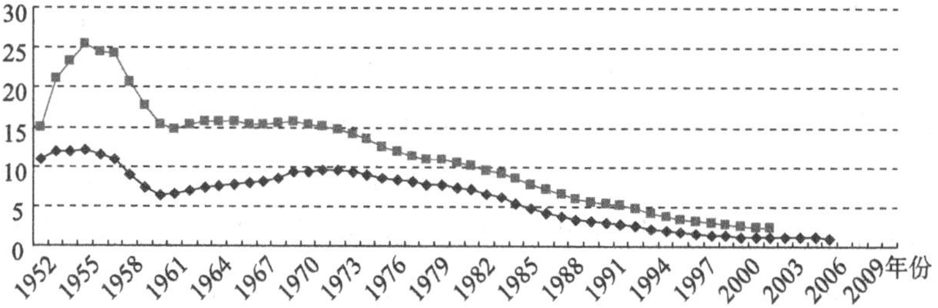

图 3　1952～2009 年中国军事资本占全国总资本比重的对比图（单位：%）

注：菱形代表 M_1，正方形代表 M_2。

的情况下（初期的军事资本误差较大），中国军事资本占全国总资本的比重呈现先上升后下降的趋势，其中 1960～1972 年为上升阶段，M_1 由 6.38% 上升到 9.52%，上升了 3.14 个百分点，1973 年以后 M_1 一直在下降，由 9.32% 下降到 1.06%，下降了 8.26 个百分点。

本文和查尔斯·沃尔夫测度的中国军事资本进行了对比，将查尔斯·沃尔夫测度的中国军事资本根据购买力平价指数和 GDP 平减指数得到以元计价的当年价军事资本，记为军事资本 1；将本文测度出的军事资本根据固定资产投资价格指数平减为当年价军事资本，记为军事资本 2，对比结果见图 4。

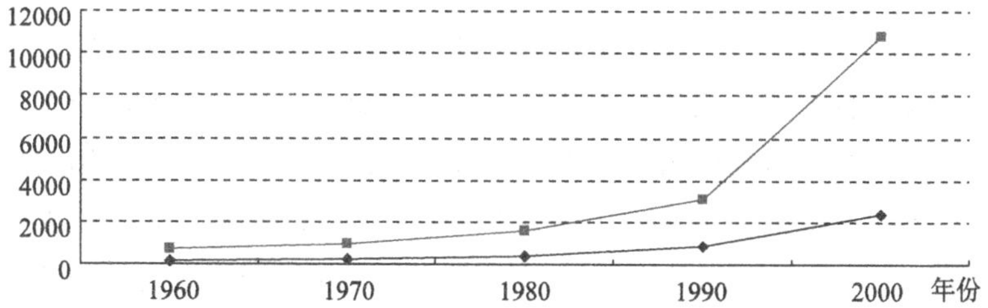

图 4　1960～2000 年中国军事资本与查尔斯·沃尔夫军事资本对比图（单位：亿元，当年价）

注：菱形代表军事资本 2，正方形代表军事资本 1。

从图 4 可以看出，查尔斯·沃尔夫测度的 1960 ~ 2000 年中国军事资本（军事资本 1）远远高于本文得到的军事资本（军事资本 2），平均而言，军事资本 1 是军事资本 2 的 4.4 倍。

同时，本文和胡鞍钢测度的中国军事资本做了对比分析，将胡鞍钢采用两种不同国防支出得到的中国军事资本分别记为军事资本 3 和军事资本 4①；将图 1 中的中国固定资产投资价格指数调整为 1987 年不变价数据，得到本文测度出的 1987 年不变价军事资本 5，对比结果见图 5。

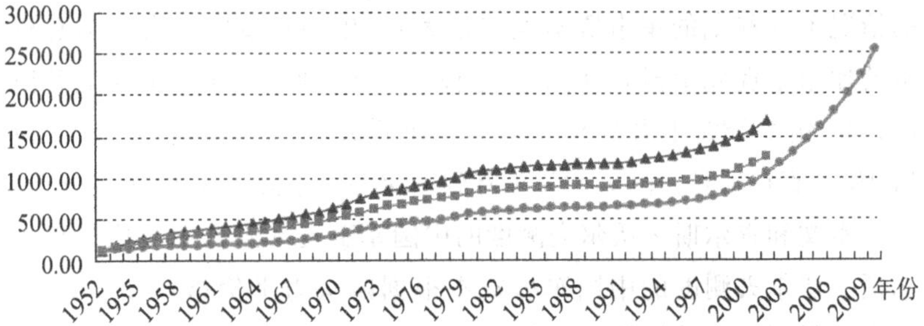

图 5　1952 ~ 2009 年中国军事资本与胡鞍钢测度的军事资本对比图
（单位：亿元，1987 年不变价）

注：三角形代表军事资本 3，正方形代表军事资本 4，圆形代表军事资本 5。

比较军事资本 5 和军事资本 4 可以发现，本文测度出的中国军事资本要低于胡鞍钢测度出的数据，平均而言，本文测度出的军事资本要比胡鞍钢测度出的军事资本低 228 亿元，这主要是采用的折旧率不同造成的：本文采用的是 9.4% 的不变折旧率，胡鞍钢采用的是 4% ~8% 的变动折旧率。军事资本 5 与军事资本 3 之间的差距更大，除了折旧率不同会造成这种差距外，采用的不同国防支出数

① 军事资本 3 的测度中考虑其他收入，军事资本 4 按国家统计局公布的中国国防费支出，不考虑其他收入或其他支出。

据也是造成这种差距的重要原因。

三、结果与讨论

本文利用永续盘存法对中国 1952 ~ 2009 年的军事资本进行了测度。通过测度发现，中国军事资本总体上呈现上升趋势，平均几何增长速度为 5.55%，中国军事资本占全国总资本的比重呈现先上升后下降的趋势，说明军事资本的增长速度要落后于全国总资本的增长速度。由于采用的折旧率和国防支出的数据不一致，本文测度出的中国军事资本比查尔斯·沃尔夫等人测度出的数据低。

为了营造中国现代化建设所需要的长期稳定、安全可靠的国际和平环境，需要科学合理地进行军事投资，在充分考虑中国经济承受力的情况下，逐步增加中国的军事资本，努力建设与中国地位相称、与中国发展利益相适应的军事实力，保证中国良好的经济发展环境和国家主权不受侵犯，对中国周边国家和地区产生强大的威慑力量，形成国防战略优势。同时，要逐步提高军事资本在全国总资本中所占的比重，充分发挥军事资本在经济建设中的积极作用。

参考文献

[1] Charles Wolf. Long - Term Economic and Military Trends, 1950 - 2010 [M]. Santa Monica, Calif.: The Rand Corporation, 1989.

[2] Charles Wolf. Long - Term Economic and Mililitary Trends 1994 - 2015, The United States and Asia [M]. Santa Monica, Calif.: The Rand Corporation, 1995.

[3] 胡鞍钢、刘涛雄：《国防建设大大滞后于经济建设：从国防资本存量占全国总量比重看国防能力变化》（1952 ~ 2001），《中国国防经济》2003 年第 1 期。

[4] 李京文、D. 乔根森（美）、郑友敬、黑田昌裕（日）：《生产率与中美日经济增长》，中国社会科学出版社 1993 年版。

[5] 黄勇峰、任若恩、刘晓生：《中国制造业资本存量永续盘存法估计》，《经济学季刊》2002 年第 1 期。

[6] 张军、吴桂英、张吉鹏：《中国省际物质资本存量估算：1952 ~ 2000》，《经济研究》2004 年第 10 期。

[7] Reinsdorf and Cover. Measurement of Capital Stocks, Consumption of Fixed Capital, and Capital Services: Report on a Presentation to the Central American Ad Hoc Group on National Accounts [R]. 2005.

军事科技人力资源优化配置研究[①]

周长峰　　刘燕
Zhou Changfeng　Liu yan

（国防科学技术大学人文与社会科学学院　湖南长沙　410074；
国防科学技术大学信息系统与管理学院　湖南长沙　410073）

内容提要： 借鉴人力资源配置相关理论和模型，从理论框架构建、影响因素分析、总量优化、结构优化和人岗匹配等多个环节系统地分析军事科技人力资源优化配置的实现过程，为军事科技人力资源优化配置提供决策参考。

关 键 词： 军事科技人力资源　资源优化配置　结构优化

中图分类号： F241　　　**文献标识码：** A

① 此论文已经发表在《经济研究导刊》2013 年第 24 期。

当今世界，以信息技术为核心的高新技术的飞速发展，深刻地影响着人们的生活方式和国际政治、经济、文化关系，同时也有力地促进了世界新军事变革。在世界新军事变革的挑战面前，我军正加速实施人才战略工程，大力培养和造就适应未来高技术战争需要的队伍。

如何在建设信息化军队、打赢信息化战争中促进军队科技人力资源潜力的发挥，使军队科技人力资源得到最优配置，这是一个能否有效提升部队战斗力面临的一个极其重要的研究课题。本文借鉴人力资源配置相关理论和模型结合军队科技人力资源的具体特征，综合运用规范分析与实证分析相结合的研究方法，对军事科技人力资源配置优化进行系统的研究。本文的研究不仅丰富与扩展了人力资源管理理论及其研究内容，而且能够有效破解当前军队科技人力资源管理面临的突出问题，具有较强的理论价值和重要的现实意义。

一、国内外研究现状述评

军事科技人力资源是军事知识和技术创新的重要力量，主要指在军事部门直接从事或有潜力从事系统性科学和技术知识产生、促进、传播和应用活动的人力资源。军事科技人力资源优化配置是在遵循经济发展规律、依据国防建设要求基础上，运用科学的方法和手段，合理有效地配置军事科技人力资源，实现其与物质资源的良好融合，充分挖掘军事科技人力资源的最大潜能，最终获得最大的军事效益和经济效益。相关文献主要集中在如下几个方面：运用西方经济学的边际理论论述企业如何合理配置资源，调整人力资源结构，使资源配置达到均衡从人力资源的规划、人员招聘与流动、培训以及绩效考评等方面定性的介绍了人力资源优化配置的全过程；构建了人力资源优化配置的线性规划指派模型、线形回归模型、多目标规划模型、人员流动优化模型等，提出了人工神经网络、模糊熵、粒子群优化算法等方法；对科技人力资源竞争力指数进行了研究，结合专家访谈和层次分析法找出了影响科技人力资源竞争力大小的因素、子因素和指标权重；从管理哲学、经济学等方面对科技人力资源的多重性进行了深入分析，并阐述了科技人力资源开发及配置的基本原则与方法；以人才学理论、人力资本理论、科技管理理论为基础，横向比较国外先进经验，提出管理的总体模式及加强区域科技人力资源配置与管理能力的对策策略，从微观层面构建区域科技人力资源配置与管理的评价指标体系。对于军事科技人力资源配置的研究，目前主要集中在军事人力资源的内涵、规划、流动和价值计量等方面，对于军事科技人力资源的研究相对很少，万玺等对军事科技人力资源胜任特征进行实证研究，构建了军事科技人力资源胜任特征评估模型。

综上所述，现有文献已针对军事科技人力资源这一主题展开论述，但在如下方面仍须进一步研究：（1）现有文献对于军事科技人力资源配置的相关理论、方法研究还很少，未能从系统的角度梳理出其理论分析框架；（2）从目前相关文献来看，现有研究成果对军事科技人力资源配置缺乏定量分析并以此为基础提出合理的政策建议。

二、军事科技人力资源优化配置实现过程

本文遵循“理论框架—影响因素—规模优化—结构优化—人岗

匹配”的思路，系统地研究军事科技人力资源优化配置问题。借鉴国内外研究成果，通过分析军事科技人力资源优化配置的特点和结构，构建军事科技人力资源优化配置理论框架。借助于数学分析方法，找出影响军事科技人力资源配置效率的关键因素及其权重，分别对军事科技人力资源总量、结构和人岗匹配策略进行优化。

（一）军事科技人力资源优化配置系统分析与理论框架构建

借鉴人力资本理论，给出军事科技人力资源的概念和内涵，结合边际收益理论，分析军事科技人力资源优化配置的特点和结构。在此基础上，从军事科技人力资源配置的影响因素、规模优化、结构优化和人岗匹配等方面，构建军事科技人力资源优化配置理论框架，揭示军事科技人力资源优化配置实现过程，提出军事科技人力资源优化配置系统理论及规则。

（二）军事科技人力资源优化配置影响因素分析

军事科技人力资源作为军事人力资源中特殊的组成部分，其配置效果受到各种因素的影响，比如既受到国防发展战略的影响，又要受到军队现代化建设要求的影响，同时还要受到军人内部因素的影响。笔者将运用文献研究法、专家访谈法归纳总结出军事科技人力资源优化配置的影响因素，建立相应的理论分析模型，运用多元统计建模分析方法，找出影响军事科技人力资源配置效率的关键因素及其影响力（即权重），为下一步优化配置的目标函数提供依据。

（三）基于供需均衡的军事科技人力资源规模预测

军事科技人力资源配置的优化，首先是配置“量”的优化。课题基于军事科技人力资源需求系统的复杂性和稳定性，运用多目标规划法建立军事科技人力资源需求预测模型；随后基于军事科技人力资源内部供给情况属于一种流入、晋升、流出系统的特点，运用马尔科夫链方法构建军事科技人力资源内部供给模型；在需求和供给分析的基础上，构建军事科技人力资源综合预测模型，对人力资源进行供需预测，找出人力资源配置的总量差距，实现军事科技人力资源配置数量的调整。

（四）军事科技人力资源配置结构优化

针对军事科技人力资源的实际需求，基于熵理论和模糊集理论，以军事科技人力资源对战斗力生成贡献度最大化为目标，建立军事科技人力资源配置结构优化分析模型，该模型涵盖军事科技人力资源的学历结构、职称结构、年龄结构、职级结构和衔级结构，并系统地考虑各子结构间协调性配置问题，最终得出科学的、实用的、可操作性强的军事科技人力资源结构合理配置表，并给出军事科技人力资源配置结构合理的评价标准和指标。

（五）军事科技人力资源人岗匹配优化策略

人力资源配置的最终目标是人尽其才、才尽其用。本课题将通过分析军事科技人力资源人岗匹配中人员和岗位两大核心要素，提出人岗匹配的原则和参考因素，通过建立军事科技人员素质评测矩阵、岗位要素权重矩阵和人员配置矩阵，构建军事科技人力资源人岗匹配优化模型，最终给出军事科技人力资源人岗匹配优化策略。

三、结 束 语

实现中国“科技强军”战略必须要对中国军事科技人力资源进行优化配置。坚持以“存量结构调整”为主，以“增量结构调整”

为辅，尽可能用低成本扩张的方式实现中国军事科技人才资源的优化配置是中国军队建设的必然选择。本文归纳总结军事科技人力资源优化配置的影响因素，并运用数学建模方法找出其中的关键因素、各种因素之间的相关关系及对优化配置效率的影响程度。从宏观层面分析军事科技人力资源配置的总量需求，并进一步从具体岗位和军事科技人力资源个人自身素质的特点出发，找出不同类型军事科技人员中的最佳人选，为军事科技人力资源优化配置提供决策依据。

参考文献

[1] Mark L. Lengniek - Hall, Cynthia A. Lengniek - Hall, Letieia S. Andarde, Brian Darke, Strategie human resource management: The evolution of the field [J]. Human Resource Management Review, 2009, 19: 64 ~ 85.

[2] Max Visser. Configurations of human resource practices and battlefield performance: A comparison oftwo armies [J], Human Resource Management Review, 2010, 20: 340 ~ 349.

[3] Chun - Che Huang, Wen - Yau Liang, Shian - Hua Lin, Tzu - Liang (Bill) Tseng, Hui - Yi Chiang. A rough set based approach to patentdevelopment with the consideration ofresource allocation [J]. Expert Systems with Applications, 2011, 38: 1980 ~ 1992.

[4] 饶建伟、胡伟文:《基层部队人力资源优化配置的动态规划模型研究》,《运筹与管理》2009 年第 5 期。

军队装备人才培养军民融合度的测算方法及运用①

刘宁　　李辉亿

Liu ning　Li Huiyi

（国际科学技术大学人文与社会科学学院　湖南长沙　410074）

内容提要：军队装备人才培养军民融合度的测算主要是考察地方教育资源使用量占军地教育资源整体使用量的比重。这一比率由多种因素影响形成，涉及培养对象的培训情况、军队装备人才群体的构成、培训专业的知识通用性等。根据对军队装备人才培养军民融合度的概念界定和影响因素分析，可以得测算公式：

$$\rho = \frac{1}{n}\sum_{i=1}^{n}\frac{m_i}{d}\times\frac{q}{n}\times 100\%$$ 。

关 键 词：装备人才培养　军民融合度　测算方法

中图分类号：E0－059　　**文献标识码**：B

① 此论文已经发表在《军事经济研究》2012年第6期。

军队装备人才培养军民融合度是指军队利用地方教育资源培养装备人才的程度，即地方教育资源的利用率。从数学的角度看，军民融合度是一个相对指标，表示军队装备人才培养全过程中，地方教育资源使用量占军地教育资源使用总量的比重，即：军民融合度 = 地方教育资源使用量 ÷ 军地教育资源使用总量。所以，军民融合度是对观测对象整个培养体系军民融合、寓军于民程度的直观表达，也反映着军事部门利用社会教育资源培养所需人才的普遍程度。由于地方高等教育资源丰富，许多名优高校的学科建设历史悠久、实力雄厚，在某些方面的培训水平、效率和综合效益要比军队“另起炉灶”式的自我培养更高，故而军民融合度，尤其是对那些地方高校拥有相对优势的专业，其人才培养的军民融合度还可以作为考察军队人才培养效率提高幅度的重要指标。因此，军队装备人才培养军民融合度是建设军民融合式的装备人才培养体系的重要评判指标和“风向标”。

一、军队装备人才培养军民融合度的影响因素

军队装备人才培养军民融合度的测算主要是考察地方教育资源使用量占军地教育资源整体使用量的比重。这一比率受多种因素影响，涉及培养对象的培训情况、军队装备人才群体的构成、培训专业的知识通用性等各方面。

（一）军队装备人才培训政策和总体规划

军队装备人才培训政策和总体规划对军队使用社会高等教育资源的程度具有直接影响。军队作为有组织、按指令运行的特殊部门，上级决策对整个体系的运行有着决定性影响。所以，在过去军队装备人才培养没有利用地方教育资源的相关规定和政策时，军队内部很少有人能有机会到地方高等学府深造，军队各级院校和训练机构几乎承担了所有教育培训任务。然而，近两年随着国家和军队对干部任用制度、学历培养制度和继续教育制度的改革，使得各项人才培养计划以更加开放的模式呈现，比如“强军计划”、“委托培养”、“代培”、“进修”、“访问学习”等，使得整个军队装备人才培养体系在利用社会教育资源方面大幅度迈进。所以，相关政策与规划决定着具体培养制度的制定和培养计划的实施，是军队装备人才培养军民融合度的根本影响因素，圈定了该项指标变化的最大可能范围。

（二）确认培训发生的军队人员最初和最终年龄

军队人员都接受过不同层次、不同年限和不同类别的培训。计算军民融合度时，必须确定培训在某人的哪个年龄阶段内发生才能被确认为可以计入测算的有效培训。这关系到该项指标的有效性、准确性和实用性。一般来讲，计算的最初年龄越小、最终年龄越大则培训发生的总次数和培训时间越长，反之亦然。因为，在假定某个人的培训每年发生概率为常数的情况下，确认培训发生的年龄跨度越大则个人培训的机会越多，从而直接影响计算军民融合度的分母大小。

（三）确认培训发生的最低培训层次

确认培训学历层次和培训级别的高低将直接影响计算融合度的

有效培训数量。比如，在计算中只对大学以上学历的培训或团以上干部的培训作为有效培训，那么将在学历层次上排除大专、中专的各类培训，在职级层次上将排除团以下干部的所有受训经历。所以，选择合理的最低培训层次对计算培训的军民融合度十分重要。因此，应当根据当前装备人才队伍中各类人员学历层次和职级情况，去除极少部分层次最低的人员培训数据，从而可以在保证指标计算客观性的同时减少计算工作量。比如，目前在装备干部队伍中，中专以下学历的人员在整个群体中所占比重极少，那么在计算指标时可以将其剔除；但是在装备士官队伍中中专以下学历的人员则占到了大部分，此时就不应盲目剔除这一学历层次的人员，以保证计算的准确性。

（四）专业知识的军民通用程度

在军队装备人才培养的专业划分中包括着指挥、管理、维修、保障、科研、生产等各种专业，每种专业所包含的专业知识各有不同，所培养人才的知识结构差异也很明显。有些专业知识的教育在地方高等教育体系拥有优势，而有些则不然，必须依靠军队教育体系来完成。比如，装备指挥人才的培养，在指挥专业知识的培训方面，军队指挥类院校具有学科建设、知识积累、教师实力等多重优势，并且依托军队资源可以有更多的教学实践机会，从而有助于教学质量的提高，而此时地方教育体系则处于该专业教育的劣势。然而，在工程技术、管理科学、基础知识等专业知识的培训方面可以利用地方教育资源完成。因此，决定各专业培训军民融合度的关键因素是各类专业知识的军民通用程度。对于通用程度高的专业知识培训则可以通过地方院校培训完成，自然融合度较高；而对于通用程度低的专业知识培训由军队院校完成，所以融合度较低。因而，军队装备人才培养军民融合度的高低要针对不同专业培训的知识通用程度区别对待，特别是某些军队需求的特殊专业并非融合度越高越好。

（五）军事技术与民用技术发展的相对速度

军事技术与民用技术发展的相对速度决定了在社会中是军用技术带动民用技术发展，还是民用技术带动军用技术发展。由于军用技术关系到军队战斗力和国防安全，因而必然要采取诸多的保密和安全措施，从而对外形成了壁垒。在军用技术发展速度快于民用技术发展速度时，出于安全因素考虑，军队装备人才培训，尤其是既有人才的继续教育，会更多地选择军内具有此类专业技术研究前沿水平和雄厚知识储备的科研机构和院校来承担。但是，当某项民用技术走在了军事技术的前列，则情况相反，军队会将此类培训任务交给地方培训体系来实施。当然，学校和学科的发展是在接受培训和科研任务的过程中不断进步的，军队为了培养自己的科研技术体系，也会将一些地方能够承担的培训任务交由自己的院校实施，从而推动某个重点培育的军内学科或学校尽快形成技术优势。

二、军队装备人才培养军民融合度的测算公式

根据以上对军队装备人才培养军民融合度的概念界定和影响因素分析，可以通过数学方式将测算公式予以表达。

（一）基本公式

军队装备人才培养军民融合度的测算，从静态上来看，主要是将考察时点上培养装备人才总共使用的时间（t）、物资（w）、资

金（r）、培训劳务（l）、仪器设备（c）等资源的总量（K）作为当期军地共同培养人才所占用资源的总和（$K=f[t_K, w_K, r_K, l_K, c_K, \cdots]$），其中由地方教育体系培养军队装备人才所占用的地方资源总量（$j=g[t_j, w_j, r_j, l_j, c_j, \cdots]$）作为利用地方教育资源的数量。所以，军民融合度（$\rho$）的基本侧算公式可以表示为：

$$\rho=\frac{j}{K}\times 100\%=\frac{g(t_j, w_j, r_j, l_j, c_j, \cdots)}{f(t_K, w_K, r_K, l_K, c_K, \cdots)}\times 100\% \tag{1}$$

（二）简化公式

基本公式是按照考察时点上地方教育体系培训军队装备人员所使用资源总量占全体装备人才培训所使用军队和地方资源总量的比重表示军民融合度。但是，由于这样的基本公式计算极为不便，操作困难，鉴于每个人的培训时间不同，且培训时间能够很好地表示资源占用情况，所以可以从培训时间角度简化基本公式，使其更为简便地进行计算。这样，首先假设公式（1）中函数关系式$f(X)$和$g(X)$完全一致，即$f(X)=g(X)=X$，之后将考察对象中每个人的培训时间按照实际情况分为军队培养时间（h_i）和地方培养时间（m_i），并计算每个人的地方培养时间占总培养时间的比重（ρ_i）：

$$\rho_i=\frac{m_i}{m_i+h_i}\times 100\% \tag{2}$$

然后，再按照将所有考察对象的ρ_i加总后取平均值的办法计算最终的军民融合度：

$$\rho=\frac{1}{n}\sum_{i=1}^{n}\rho_i \tag{3}$$

通过这样的修正可以更加准确地反映装备人才培养的融合度。

（三）修正公式

修正公式是对简化公式的完善，其建立基础是个人情况，但考虑到不同的人在接受教育总时间长短和接受地方教育的时间长短不同，在每个考察对象之间实际占有培训资源的多少差异显著，而简单的加总个人情况也不能从整体的角度客观、真实地反映军民融合度。因此，可以首先通过抽样调查取平均值的方式计算全军干部、士官接受各类培养的总年限平均值（d）。

$$d = \frac{1}{n}\sum_{i=1}^{n}(m_i + h_i) \tag{4}$$

这样，军民融合度的计算公式可以修正为：

$$\rho = \frac{1}{n}\sum_{i=1}^{n}\frac{m_i}{d} \times 100\% \tag{5}$$

另外，在对某个群体的培训情况进行军民融合度测算时，为客观地反映实际情况和进行不同研究群体间的比较，避免在群体中由于个别人较长的地方培训而直接推高计算结果，应当进一步考虑地方教育资源“覆盖面”（λ）的影响。这是指在某一研究群体中，接受过地方培训的人数（q）占整个群体人数（n）的比重。可以用公式表示为：

$$\lambda = \frac{q}{n} \tag{6}$$

所以，将 λ 引入，弥补了公式（5）中只专注于地方培训的程度而忽视广度的不足。由此测算公式进一步修正为：

$$\rho = \frac{1}{n}\sum_{i=1}^{n}\frac{m_i}{d} \times \frac{q}{n} \times 100\% \tag{7}$$

三、军队装备人才培养军民融合度测算公式的运用

根据对某团修理所人员情况的调研，利用以上公式计算该所人

员构成所决定的军民融合度，以演示公式的具体运用。根据调研掌握的基本情况，该修理所为营级单位，其中干部 26 人，士官 15 人，战士 11 人。根据上述对军队装备人才的定义，这里只统计干部和士官的情况，如表 1 所示。根据统计数据，可以选取修正公式计算此样本中人才培养的军民融合度。

表 1　　某团修理所人员培训情况统计

序号	身份	学历	培养时间总数	地方培养时间	个人军民融合度	序号	身份	学历	培养时间总数	地方培养时间	个人军民融合度
1	干部	大学	7	0	0	22	干部	中专	5	3	60%
2	干部	大学	5.5	0	0	23	干部	中专	4.5	3	66.67%
3	干部	大学	5	4	80%	24	干部	中专	4	3	75%
4	干部	大学	5	4	80%	25	干部	中专	3.5	3	85.71%
5	干部	大学	4	1	25%	26	干部	中专	3	0	0
6	干部	大学	6	0	0						
7	干部	大专	5	0	0	27	士官	大专	4	3	67.42%
8	干部	大专	5	3	60%	28	士官	大专	3.5	3	75%
9	干部	大专	4.5	3	66.67%	29	士官	大专	3.5	3	85.71%
10	干部	大专	4.5	3	66.67%	30	士官	大专	3	0	85.71%
11	干部	大专	4	1	25%	31	士官	大专	3	0	0
12	干部	大专	4	0.5	12.5%	32	士官	中专	6	3	0
13	干部	大专	3.5	0.5	14.29%	33	士官	中专	6	3	50%
14	干部	大专	3.5	0.5	14.29%	34	士官	中专	6	1	50%
15	干部	大专	3	3	100%	35	士官	中专	5.5	3	16.67%
16	干部	大专	3	3	100%	36	士官	中专	5.5	0	54.55%
17	干部	大专	3	3	100%	37	士官	中专	4	0	0
18	干部	中专	6	1	16.67%	38	士官	中专	4	0.5	0
19	干部	中专	6	3	50%	39	士官	中专	4	1	12.5%
20	干部	中专	5.5	1	18.18%	40	士官	中专	3	0	25%
21	干部	中专	5.5	0.5	9.09%	41	士官	中专	3	0	0

注：个人军民融合度以个人培养情况为参照，按公式（3）计算。

首先，根据公式（4）计算 d 值：

$$d = \frac{1}{n}\sum_{i=1}^{n}(m_i + h_i) = \frac{182.5}{41} \approx 4.45$$

其次，根据公式（7）计算 ρ 值：

$$\rho = \frac{1}{n}\sum_{i=1}^{n}\frac{m_i}{d} \times \frac{q}{n} \times 100\% = \frac{67.5}{4.45 \times 41} \times \frac{30}{41} \times 100\% \approx 27.07\%$$

最后，该公式还可以根据样本中学历层次或职级情况整理培训年限数据，计算不同学历层次和职级的人员对地方高等教育资源的利用率，从而在结构上考察培训军民融合度的变化情况。在考虑时间维度变化的情况下，以上公式还可以动态化，反映一段时期内的培训军民融合度的变化。

经济实力取代了军事实力吗？——来自中国的经验证据[①]

闫仲勇　　陈波
Yan Zhongyong　Chen bo

（国防科学技术大学人文与社会科学学院　长沙　410074；
中央财经大学国防经济与管理研究院　北京　100081）

内容提要： 本文采用永续盘存法对中国的军事实力进行了测度，在此基础上分析了军事实力与经济实力的协整关系和格兰杰因果关系，通过建立哈罗德—多马模型，研究了军事实力对经济增长的贡献，并从平均资本—产出比和增量资本—产出比的角度，测算了军事实力在经济增长中的效率。研究发现，军事实力与经济实力之间存在协整关系和双向因果关系，军事实力不仅能够促进经济实力的提升，而且具有极高的效率，对经济增长具有积极影响，1952～2010年军事实力对经济增长的平均贡献率达到了3%，经济实力并不能取代军事实力的地位。

① 此论文为第十三届中国经济学年会入选论文。

关 键 词： 永续盘存法　经济实力　军事实力　哈罗德—多马模型　效率

中图分类号： E0－054　　　　**文献标识码：** A

一、引　言

2011年，哈佛大学教授约瑟夫·奈发表了题为《经济实力取代了军事实力吗?》的文章，指出：目前有些人认为军事实力的功效非常有限，不能时常在某些情况中发挥决定性作用，不再是衡量国家实力的终极标准，被一些人形容为世界政治实力终极表现的军事实力，需要繁荣的经济为基础。这些人认为一个在经济上占主导地位的国家，很快也会在军事上占主导地位，经济实力已经取代了军事实力[1]。

经济实力与军事实力的关系自古以来就是一个争论的焦点问题。不同的时代和不同的国家对待两者的关系也不尽一致。16世纪，以柯尔培尔为代表的重商主义非常认同军事实力与经济实力的统一，认为国家拥有的货币数量（经济实力）决定着一个国家的政治军事实力，而军事实力则是货币财富（经济实力）不断流入的保证，主张殖民扩张，壮大军队，以保证货币财富的不断流入。19世纪的自由主义者认为经济乃是实力的根本，他们相信随着贸易和金融相互依赖性的日渐增强，战争将变得过时。马克思和恩格斯则把辩证唯物主义和历史唯物主义运用到军事领域，阐述了暴力与经济的有机联系。1878年，恩格斯在《反杜林论》中指出，暴力的胜利是以武器的生产为基础的，而武器的生产又是以整个生产为基础，因而是以“经济力量”，以“经济情况”，以暴力所拥有的物质资料为基础的，进而揭示了经济实力与军事实力相互影响的辩证关系[2]。20世纪50年代，军事凯恩斯主义则认为经济实力可以影响军事实力，同时通过政府对军队和武器的支出，可以促进经济增长，也认同军事实力与经济实力的统一[3]。正如约瑟夫·奈在《经济实力取代了军事实力吗?》的文章中所说，在21世纪，尽管军事实力的效用比不上19世纪和20世纪，在当前越来越多的局势中很难发挥作用，但它仍然是世界政治实力中至关重要的组成部分。

在国内，多数人认为军事实力和经济实力缺一不可。2600多年前管仲就提出:“国富者兵强，兵强者战胜，战胜者地广。”孙子也曾言道:“兵不强则不可以摧敌，国不富则不可以养兵。”新中国成立之初，面对一穷二白、百废待兴的现状，毛泽东在1950年9月召开的全国战斗英雄代表会议和全国工农兵劳动模范代表会议上就明确提出:“中国必须建立强大的国防军，必须建立强大的经济力量”这两大发展目标。改革开放之初，和平与发展成为时代主题，党和国家的工作重心转移到经济建设上来。1984年邓小平指出:“国防和军队建设要服从和服务于国家经济建设的大局。”邓小平的这种战略思想促使了中国经济的全面快速发展，为军队和国防建设后续和长远发展奠定了坚实的基础。20世纪90年代，中国经济发展达到了一定的规模和水平，江泽民在党的十六大报告中提出了“国防建设和经济建设协调发展”的方针。新世纪新阶段，改革开放30多年的快速发展，为中国军事发展奠定了坚实的物质基础，因此，胡锦涛在党的十七大报告中提出“统筹经济建设和国防建设，在全面建设小康社会进程中实现富国和强军的统一”。国内多数学者，例如黄新（2005）等也认同军事实力必须与经济实力协调发展[4]。

纵观以上观点，在军事实力与经济实力关系的研究中，主要是从理论的角度进行了阐述，而关于经济实力与军事实力关系的实证分析很少。那么，中国的军事实力与经济实力是否协调发展，经济实力又是否取代了军事实力呢？军事实力对经济增长的贡献有多大，在经济增长中的效率如何？本文采用反映一国经济实力的国内生产总值和反映军事实力的军事资本对以上问题进行了实证分析。

全文共分六部分，除此部分之外，第二部分采用永续盘存法对中国的军事实力进行测度；第三部分主要是从协整关系和格兰杰因果检验研究中国军事实力与经济实力的相互影响；第四部分采用哈罗德—多马模型验证军事实力对经济实力的影响方向，并测度了军事实力对经济增长的贡献率；第五部分主要从效率的角度分析了军事实力对经济增长的影响；第六部分给出了全文的结论，并进行了简短的讨论。

二、基于永续盘存法的军事实力的测度

为了分析军事实力和经济实力的关系，本文采用军事资本反映一国的军事实力。希尔德布兰特（G. Hildebrandt）在 1980 年发表的《军事资本的经济效果》（The Economics Of Military Capital）的文章中指出："军事资本就是军事部门所拥有的所有实物资产的总货币价值，这些资产包括：军事装备（military equipment，例如坦克和飞机）、军事机构（military facilities，例如总部、供给站和新兵训练营）以及作为存货的军火[5]。"军事资本能够从总体上反映军事实力，是一国军事实力的象征。采用国内生产总值反映一国的经济实力。

（一）永续盘存法在军事资本测度中的应用

希尔德布兰特在 1980 年发表的《军事资本的经济效果》（The Economics Of Military Capital）的文章中提出了有关军事资本测度的两种理论：军事资本的瞬时生产能力理论和军事资本的长期生产能力理论，统称为军事资本的生产能力理论。随后，他又提出两种军事资本的测度方法：军事资产的服务价值法和财富价值法[6]。生产

能力理论在理论上很好地解决了军事资本的测度问题，但是在实际运用中，由于很难获得额外信息，无法运用这种理论测度出军事资本的具体数值。军事资产的服务价值法是一种购置成本法，然而，在实际研究过程中，由于各种原因（军事机密、技术因素等）很难得到所需要的相关数据，这种方法更适合决策者使用。军事资产的财富价值法是一种预期未来收入法，由于军事资产一般是公共产品，其收入很难衡量，可操作性也不强。

除了以上方法之外，永续盘存法也是测度军事资本的一种重要方法。与上述方法相比，永续盘存法的理论和应用比较成熟，经济合作与发展组织（OECD）国家就广泛采用永续盘存法作为估计资本存量的基本方法，国内外也有学者采用永续盘存法对军事资本进行了测度。

查尔斯·沃尔夫（Charles·Wolf）在1989年首先采用永续盘存法估算了15个国家和地区（美国、苏联、中国、日本、西德、英国、法国、印度、韩国、中国台湾地区、巴西、阿根廷、土耳其、埃及、墨西哥）1950~2010年的军事资本数值[3]。当时，他没有明确提出永续盘存法的概念，但其测度军事资本的思想、步骤和永续盘存法一致。查尔斯·沃尔夫在1995年又研究了6个主要国家和地区（美国、日本、中国、中国台湾地区、韩国和印度）的军事资本，并提出了测度军事资本的具体公式[7]：

$$MK(t) = \pi MS(t) + (1-\delta)MK(t-1) \tag{1}$$

$MK(t)$——t年的军事资本；$MS(t)$——t年的国防支出；π——国防支出中用于装备采办和建筑物的比例；δ——军事资本的折旧率。

中国学者胡鞍钢（2003）借鉴查尔斯·沃尔夫的研究方法，采取国际通行的资本积累模型方法（本质为永续盘存法），在国内首次估算了1952~2001年中国军事资本及其占全国总资本的比重[8]。

查尔斯·沃尔夫对中国、印度、日本、美国等国军事资本长期趋势的估算，旨在为美国国防部提供战略分析，缺乏对中国国防战略的具体分析，严重高估了中国国防支出在 GDP 中的比重，进而高估了中国军事资本；胡鞍钢考虑到了这些情况并对查尔斯·沃尔夫的不足进行了修正，但在测度中国军事资本时没有说明永续盘存法的原理，只是借用了测度资本存量的公式。另外，查尔斯·沃尔夫和胡鞍钢在采用永续盘存法测度中国军事资本时，均没有严格区分资本品的效率递减模式，他们都是根据假定给出了一个变化的折旧率，进而导致了在测度过程中出现了各种问题。为此，有必要阐述永续盘存法的原理及其在测度军事资本中的应用。

永序盘存法测度的资本存量是过去所有以不变价计量的投资的加权和，权重是不同役龄（指正在使用的资本品已经使用的年限时间）资本品的相对效率。计算公式如下：

$$K(t) = \sum_{\tau=0}^{\infty} d(\tau) \times I(t-\tau) \tag{2}$$

$d(\tau)$是不同役龄资本品的相对效率，即资本品 τ 年前投资的权数，τ 表示役龄；$I(t-\tau)$是 τ 年前以不变价表示的时间 t 时的投资数。$d(\tau)$由其役龄 τ 决定，随着役龄的增加相对效率是非增的，规定新资本品的相对效率等于 1，任何资本品最终都要退役或报废，此时它的相对效率降为零，即：$d(0)=1, d(\tau)-d(\tau-1)\leqslant 0(\tau=1,2,\cdots L-1)$，$d(\tau)=0$（$\tau=L$，$L+1$，$\cdots$），$L$ 为寿命期。

由于资本品的相对效率随役龄增加而下降，要保持原有的资本品效率，就必须进行重置。采用符号 $m(\tau)$表示役龄为 τ 年的资本品效率损失的比率或重置比例，也称为死亡率（mortality），其值等于从役龄 $\tau-1$ 到役龄 τ 间效率的减少量，用公式表示如下：

$$m(\tau)=d(\tau-1)-d(\tau)=-[d(\tau)-d(\tau-1)]\tau=1,2,\cdots,L \tag{3}$$

引入重置率 $\delta(\tau)$（也被称为重置分布）表示役龄为 τ 年资本品被重置的比例，是初始投资购置后第 τ 期为维持原有的资本存量需要重置的比例。如果在 $\tau+1$ 年前没有任何资本品，则 τ 年前购买的资本品数量就是当年的资本存量，我们假定此后资本存量不再继续增加，历年的投资仅仅是为了保持当初的资本存量水平。重置率 $\delta(\tau)$ 可以利用以下公式更新递归地计算出来：

$$\delta(\tau)=m(1)\delta(\tau-1)+m(2)\delta(\tau-2)+\cdots+m(\tau)\delta(0) \quad \tau=1,2,\cdots \tag{4}$$

其中，$\delta(0)$ 可理解为当期需要购买资本品的比例，其值为 1，进而可将（4）式改写为：

$$\delta(\tau)=\begin{cases} m(1)\delta(\tau-1)+m(2)\delta(\tau-2)+\cdots+m(\tau-1) \\ \delta(1)+m(\tau),(\tau=1,2,\cdots) \\ 1,(\tau=0) \end{cases} \tag{5}$$

同时引入重置需求 $R(t)$，$R(t)$ 定义为为保持原有的生产能力不变（或者说效率不变）而必须补偿的资本数量，用公式可表示为：

$$R(t)=\sum_{\tau=1}^{\infty} m(\tau)\times I(t-\tau) \tag{6}$$

$R(t)$ 也可通过对（2）式做一阶差分得到：

$$K(t)-K(t-1)=I(t)-\sum_{\tau=1}^{\infty} m(\tau)\times I(t-\tau)=I(t)-R(t) \tag{7}$$

$$所以, R(t)=\sum_{\tau=1}^{\infty} m(\tau)\times I(t-\tau)=I(t)+K(t-1)-K(t) \tag{8}$$

利用重置分布 $\delta(\tau)$，$R(t)$ 还可以用过去资本存量的变化来表示：

$$R(t)=\sum_{\tau=1}^{\infty}\delta(\tau)\times[K(t-\tau)-K(t-\tau-1)] \tag{9}$$

在几何递减模式下，资本品相对效率的递减速度为 $1-\delta$（δ 为几何递减模式下的重置率或折旧率①，$0<\delta<1$），相对效率和死亡率可表示为δ的函数：

$$d(\tau)=(1-\delta)^{\tau},(\tau=0,1,\cdots) \tag{10}$$

$$m(\tau)=d(\tau-1)-d(\tau)=(1-\delta)^{\tau-1}-(1-\delta)^{\tau}=\delta(1-\delta)^{\tau-1}=\delta d(\tau-1),(\tau=1,2,\cdots) \tag{11}$$

将（11）式中的$m(\tau)$代入（8）式，得到几何递减模式下资本品的重置需求：

$$R(t)=\sum_{\tau=1}^{\infty}m(\tau)\times I(t-\tau)=\sum_{\tau=1}^{\infty}\delta d(\tau-1)\times I(t-\tau)=\delta\sum_{\tau=1}^{\infty}d(\tau-1)\times I(t-\tau) \tag{12}$$

由$K(t)=\sum_{\tau=0}^{\infty}d(\tau)\times I(t-\tau)$，可知，

$$K(t-1)=\sum_{\tau=0}^{\infty}d(\tau)\times I(t-\tau-1)=\sum_{\tau=1}^{\infty}d(\tau-1)\times I(t-\tau) \tag{13}$$

比较（12）式和（13）式，可以看出，几何递减模式下资本品的重置需求还可表示为：

$$R(t)=\delta K(t-1) \tag{14}$$

将（14）式中的重置需求代入（7）式，得出几何递减模式下资本存量的测度公式：

$$K(t)=K(t-1)+I(t)-R(t)=I(t)+(1-\delta)K(t-1) \tag{15}$$

（15）式就是经常被用来测度资本存量的公式，进而可以得出测度军事资本的公式（1）。当相对效率遵循几何递减模式时，重置率等于折旧率，都等于δ，为一个常数，只有满足这一条件才能推

① 当相对效率遵循几何递减模式时，重置率等于折旧率，并且是一个常数。证明参考黄勇峰2002年发表在《经济学季刊》上的《中国制造业资本存量永续盘存法估计》，第381页。

导出公式（1）。在其他效率模式下（单驾马车模式和直线递减模式）重置率并不等于折旧率，而且是一个变量，因而无法推导出测度军事资本的公式（1）。查尔斯·沃尔夫等人均采用变化的折旧率套用公式（1）对军事资本进行测度，没有意识到公式（1）成立的条件（即资本品的折旧率为常数），因而，测度出的数据也就不准确。

（二）中国军事实力的测度

本文运用永续盘存法，采用公式（1），同时针对中国的具体情况对数据等进行了修正，测度了中国 1952～2010 年的军事实力。具体步骤如下：（1）确定国防支出序列；（2）确定军事投资或军事投资比例 π；（3）确定合适的折旧率或重置率 δ；（4）确定价格指数对现行价格的军事投资序列进行缩减以得到一个可比价军事投资序列；（5）确定基期军事实力；（6）采用（1）式测度出军事实力。

1. 关于国防支出：世界上许多机构都对中国国防支出进行了估算，最著名的机构有斯德哥尔摩国际和平研究所（SIPRI）、兰德公司（RAND Corporation）、美国军备控制与装备署（ACDA）、美国中央情报局（CIA）、美国国防情报局（DIA）、伦敦国际战略研究所（IISS）等。不同的机构由于采用的方法和研究目的不同，得到的结果也不同，有的甚至相差数十倍。例如，美国军备控制与装备署对中国国防支出的估算就太高，该机构认为中国 1997 年的国防支出为 749 亿美元，是中国政府公布数据的 7.6 倍，明显带有一定的政治偏见。国外很多机构出于各种目的，认为中国国防费不透明，官方数据偏低。实际上，正如解放军军事科学院研究员、国防白皮书的撰写人之一陈舟博士所说：中国的国防支出是客观的、透明的，不存在隐性军费，中国的国防支出的增长是严格按照国家安全和国防的需求，同时也考虑到了中国经济发展的水平，因而，采用中国国防支出的官方数据更能反应出中国军事资本的真实情况。

本文采用1952～2010年中国国防支出的官方数据，2004年前（包括2004年）的官方数据来自《新中国五十五年统计资料汇编》，2004年后的数据来自《中国统计年鉴2011》。

2. 军事投资比例 π 的确定：在确定国防支出之后，还需要确定军事投资在国防支出中所占的比例 π 以计算历年的军事投资。中国的国防支出包括人员生活费、活动维持费和装备费，本文所指的军事投资主要是国防支出中用于装备费的投资。胡鞍钢（2003）在测度中国军事资本时，假定国防支出中30%为资本品投资，即 π 为30%，并指出这个比例与查尔斯·沃尔夫等人的假定基本一致。然而，从动态变化和已有经验数据来看，国防支出越多，武器装备费在国防支出中所占比重便越多。基于中国国防支出总量不断增长的事实，采用变化的军事投资比例更加合理，本文依据已有的装备费比重（见表1）计算出军事投资比例的平均发展速度为1.5878%，据此推算出1952～2010年历年的军事投资比例 π。

表1　　中国国防支出结构变化表

年份	人员生活费	活动维持费	装备费	人员生活费比重（%）	活动维持费比重（%）	装备费比重（%）
1994	187.74	188.45	174.52	34.09	34.22	31.69
1997	291.62	265.36	255.59	35.89	32.66	31.45
1998	322.7	298	314	34.52	31.88	33.59
1999	348.6	380.3	347.8	32.39	35.33	32.31
2000	405.5	412.74	389.3	33.58	34.18	32.24
2001	461.63	485.81	494.6	32.01	33.69	34.30
2002	540.43	581.23	572.78	31.65	34.03	33.54
2003	620.06	641.04	646.77	32.50	33.60	33.90
2005	831.59	806.83	836.54	33.60	32.60	33.80

注：人员生活费、活动维持费和装备费的单位为亿元。

资料来源：根据国务院发布的《中国的国防》以及1995年的《中国的军备控制与裁军》整理得到。

3. 折旧率 δ 的确定：采用永续盘存法测算军事资本时，需要确定的一个重要指标就是折旧率。查尔斯·沃尔夫（1995）在测度中国 1994～2015 年的军事资本时，假定 20 世纪 90 年代的折旧率为 8%，2001～2015 年的折旧率为 10%；胡鞍钢采用的中国军事资本折旧率从 1952 年的 4% 线性递增到 2001 的 8%。由于查尔斯·沃尔夫等人忽略了折旧率为常数的假定，本文没有采用他们的做法，而是严格按照几何递减模式计算出中国军事资本的折旧率，具体操作如下：假设一项资产的寿命为 L，初始价值为 K，在寿命结束时残值为 S，则残值率 $s=\frac{S}{K}$，设资产价值以 δ 按照几何形式递减，则有：

$$\begin{aligned} K &= m(\tau)K+S=[m(1)+m(2)+\cdots+m(L-1)]K+S \\ &= m(1)K+m(2)K+\cdots+m(L-1)K+S \\ &= \delta K+\delta(1-\delta)K+\cdots+\delta(1-\delta)_{L-1}+S \\ &= \frac{\delta[1-(1-\delta)^{L}]}{1-(1-\delta)}K+S \end{aligned} \tag{16}$$

由上式得出相对效率遵循几何递减模式时的折旧率：$\delta=1-s^{1/L}$。

可见，在几何递减模式下，只要确定了资产的寿命和资产报废时的残值率就能确定折旧率。李京文（1993）采用中国法定的 3%～5% 的残值率，按照（16）式计算出中国设备和建筑物的折旧率，他认为按照法定的残值率得到的几何折旧率的估计相当高，对此的解释是：国家总是试图在国有资产的寿命期内尽可能对其提取折旧，以便及时收回被折旧资产的原有价值。据此可以推断，法定的残值率要比经济折旧意义下的残值率低很多。李京文在对有效的经济折旧率的估算中，参考了《税制改革和资本形成》（Jorgenson，1993）中的相关数据，并推算出设备和建筑物的残值率分别为 17% 和 40%[9]。在资产寿命的设定方面，多数研究假定中国设备的寿命为 18 年左右，例如，黄勇峰、任若恩、刘晓生（2002）将设备寿命设定为 16 年[10]，张军、吴桂英、张吉鹏（2004）假定各省全部设备的平均寿命为 20 年[11]。本文结合国际惯例和中国的实际情况，设定中国军事资产的平均寿命为 18 年，残值率采用李京文推算出的设备折旧率 17%，进而得到中国军事资本的折旧率为 9.4%，这个折旧率和张军估算出的折旧率（9.6%）很接近，与查尔斯·沃尔夫采用的 8% ~10% 的折旧率也比较接近，而与胡鞍钢采用的 4% ~8% 的折旧率差别较大。

4. 价格指数的确定：由于价格变动致使军事投资价值不具有可比性，在采用永续盘存法时，需要利用价格指数将以当年价格表示的军事投资折算成以基年不变价表示的实际值。

由于资料的可获得性，军事投资价格指数一般借用固定资产投资价格指数，张军（2004）等人采用的固定资产投资价格指数和中国官方统计的数据比较接近，并且他们的推导过程比较合理[12]。因此，本文 1952 ~1991 年的固定资产投资价格指数采用张军等计算出来的 1952 年不变价固定资产投资价格指数，1991 年以后的数据直接采用《中国统计年鉴》上的数据，并调整为 1952 年不变价数据，图 1 反映了中国 1952 年不变价固定资产投资价格指数的变化。

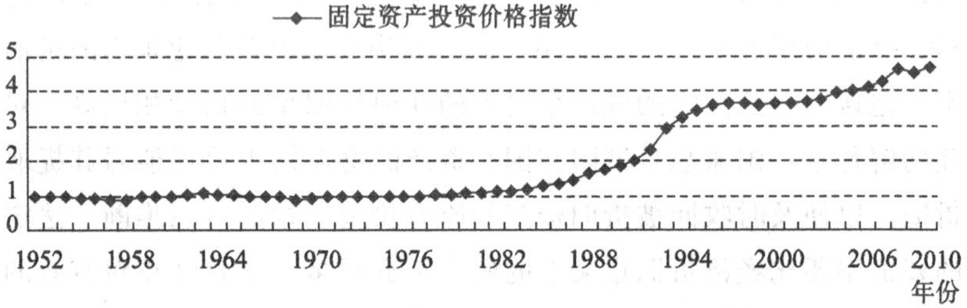

图 1　中国固定资产投资价格指数演进图

5. 基期军事实力的确定：对于初始年份或基年的选择，本文采用查尔斯·沃尔夫和胡鞍钢的做法，将 1952 年定为初始年份。

查尔斯·沃尔夫通过衡量军事装备的存货估算出1952年中国军事资本为1100亿美元（1986年不变价），将其根据购买力平价指数（PPP）和GDP平减指数①折算成1952年当年价军事资本（即基期军事资本）为542.5亿元，而根据张军计算出的1952年中国总资本只有748.6亿元，显然查尔斯·沃尔夫选择的基期军事资本不符合中国的实际情况；胡鞍钢（2003）在测度中国军事资本时，以1952年为初始年份，估计出1952年全国总资本为320亿元（当年价），假定其中15%为军事资本，即1952年当年价军事资本为48亿元，按照1987年不变价计算出1952年的军事资本（即基期军事资本）为109.96亿元。

莱因斯多夫（Reinsdorf）和科弗（Cover，2005）提出了一种估算基期资本的改进模型：$K_0 = I_0 \frac{g+1}{g+\delta}$，$I_0$为初始年份的投资，$\delta$表示折旧率，$g$表示在初始年份之前平均投资增长率，他们同时证明了这种模型的合理性[13]，故本文采用莱因斯多夫和科弗的模型。考虑到新中国成立前中国发生的战争较多，军事投资的数量和增长率会较高，本文选取g和δ均为10%，得到中国1952年的当年价军事资本（军事实力）为81.3亿元，约占张军计算出的1952年资本总量的11%。为了便于和胡鞍钢1987年不变价的数据做比较，本文利用张军估算出的固定资产投资价格指数，将以当年价表示的1952年军事资本转变成1987年不变价数据，得到转变后的1952年军事资本为116.5亿元，这个结果和胡鞍钢估算出的109.96亿元比较接近。

将国防支出利用图1中的固定资产投资价格指数调整为1952年不变价数据，之后将1952年基期军事实力数据81.3亿元，以及折旧率9.4%、各期国防支出和军事投资比例数据代入（1）式，

① 美国GDP平减指数根据美国经济分析局网站（http：//bea.doc.gov）数据推算得到。购买力平价指数数据来自http：//pwt.econ.upenn.edu/。

得到中国 1952 ~ 2010 年的 1952 年不变价军事实力数据，见图 2。

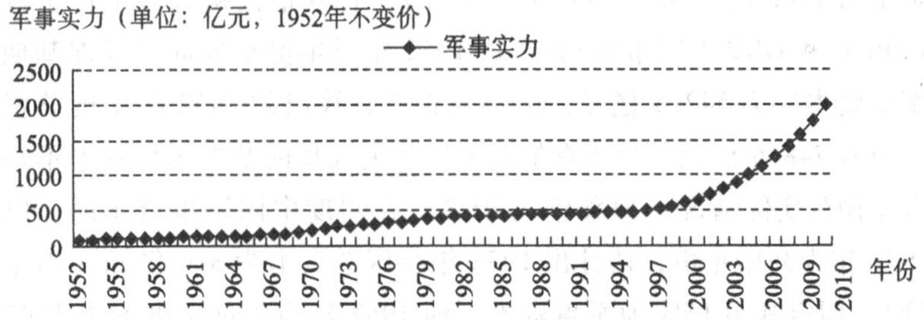

图 2 中国军事实力变化趋势图

三、军事实力和经济实力的协整关系以及格兰杰因果关系

军事实力形成的主要来源是国家的财政支出，财政支出又和财政收入以及经济增长有着紧密联系。从这个层面上说，经济增长决定着军事资本的规模，对军事实力具有正向影响。理论上讲，一方面，军事实力可以对经济增长产生正向溢出效应。军事实力能够为国家经济发展提供稳定的社会环境，保证国内法律和秩序的正常运行以及经济发展的有序运转，可极大地促进经济的发展。高速的经济增长，不可能在受到外敌入侵或在不安全的环境中实现，军事实力产生的这种更为安全的社会环境是难以用机会成本进行衡量的。另一方面，军事实力也可能会对经济增长产生负外部性，军事投资支出的增加会减少同等数额的民用投资支出。军事投资主要用于枪炮、军舰、导弹和坦克“非生产性”的国防产品上，这些产品无助于消费，更重要的是军事投资挤占了更多的民用投资，进而会产生较大的机会成本，对经济增长是有害的。这一部分将从协整关系和

格兰杰因果检验两个方面研究中国军事实力与经济增长的关系。在研究军事实力与经济实力的协整关系之前，必须确定序列为同阶单整序列，为此需要进行单位根检验。

本文绘制了 1952 ~ 2010 年中国军事实力和 *GDP* 的走势图，见图 3。其中军事实力（1952 年不变价）用 *MI* 表示①。1952 ~ 1977 年的 *GDP* 数据来自《新中国五十五年统计资料汇编》，1978 ~ 2010 年的 *GDP* 数据来自《中国统计年鉴 2011》。同时利用 *GDP* 平减指数将 1952 ~ 2010 年的 *GDP* 调整为 1952 年不变价。为消除异方差性，本文将 *GDP* 和 *MI* 做对数处理，分别记为 *LGDP* 和 *LMI*。

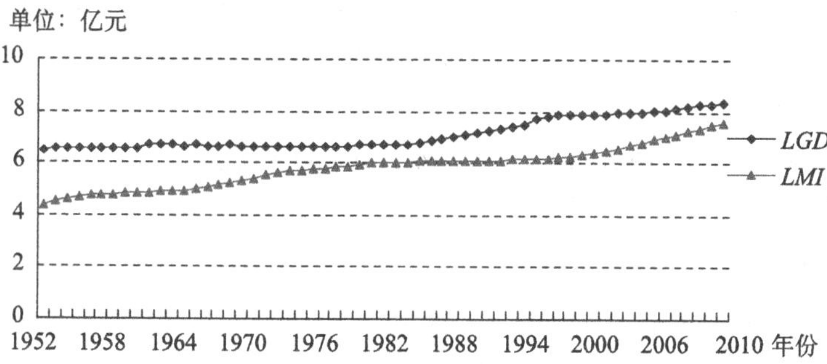

图 3 *LGDP* 和 *LMI* 走势图

从图 3 可以看出，取对数之后的 *GDP* 和军事实力均为非平稳序列，需要进一步确定单位根的个数或单整的阶数。表 2 列出了采用 ADF 单位根检验的结果。从表 2 单位根检验结果可以看出 *LGDP* 和 *LMI* 均具有两个单位根，它们之间可能存在协整关系。本文采用约翰森（Johansen - Jusekius，简称 JJ）迹（trace）检验和最大特征值（max - eigen）检验对 1952 ~ 2010 年中国 *GDP* 和军事实力之间

① 军事资本的数据测度参考闫仲勇、陈波：《基于永续盘存法的国防实力测度与国际比较》，《世界经济与政治论坛》2011 年第 2 期。

的协整关系进行了检验，检验结果见表3。

表2　　GDP 和军事实力的 ADF 单位根检验结果

变量名	检验类型	ADF 检验		是否平稳
		数值	概率	
LGDP	(c, t, 3)	-1.6466	0.7612	不平稳
LMI	(c, t, 1)	-1.2190	0.8969	不平稳
DLGDP	(c, 0, 5)	-2.4412	0.1355	不平稳
DLMI	(c, 0, 0)	-1.9791	0.2950	不平稳
DDLGDP	(0, 0, 4)	-5.1569	0.0000	平稳
DDLMI	(0, 0, 0)	-8.1211	0.0000	平稳

注：*DLGDP* 和 *DLMI* 分别表示 *LGDP* 和 *LMI* 一阶差分，*DDLGDP* 和 *DDLMI* 分别表示 *LGDP* 和 *LMI* 两阶差分，(c, t, p) 分别代表常数项、时间趋势项和滞后阶数，滞后阶数根据 SIC 原则选择。

表3　　GDP 和军事实力的 JJ 协整检验结果

变量名	原假设	备则假设	特征值	迹统计量（P 值）	最大特征根统计量（P 值）	结论
LGDP	R=0	R=1	0.3105	24.4778 (0.0017) **	21.1901 (0.0035) **	存在一个协整关系
LMI	R≤1	R=2	0.05605	3.2877 (0.07)	3.2877 (0.07)	

注：** 表示在 5% 的显著性水平下拒绝原假设。R 表示协整方程个数，滞后阶数为 1。

表3的结果显示中国军事实力和经济增长之间存在长期均衡关系，说明军事实力和经济增长了之间至少存在一个方向上的格兰杰因果关系，但究竟谁是谁的原因需要通过格兰杰因果检验进行验证，结果见表4。

表4　　格兰杰因果检验结果

原假设	F 统计量	概率值	滞后阶数	结论
LGDP 不是 *LMI* 的格兰杰原因	4.8511	0.01170	2	*LGDP* 是 *LMI* 的格兰杰原因
LMI 不是 *LGDP* 的格兰杰原因	3.3091	0.04438	2	*LMI* 是 *LGDP* 的格兰杰原因

注：滞后阶数根据 AIC、SIC、LR、HQ 等统计量给出。

根据表 4 的结果可以看出，中国军事实力与经济实力之间存在双向因果关系，军事实力和经济实力互为原因。不仅经济增长能影响军事实力，同时军事实力也能影响经济增长。经济增长对军事实力具有正向影响，但不能确定军事实力对经济增长是正向影响还是负向影响，本文将在第三部分借助哈罗德—多马模型探讨军事实力对经济增长的影响方向。

四、军事实力对经济增长的贡献

本部分借助哈罗德—多马增长理论研究了中国军事实力对经济增长的贡献。在哈罗德—多马模型中，$y = s/k$，y 表示产出增长率，s 表示储蓄率，k 表示资本产出比率，哈罗德—多马模型假定资本产出比不变并且储蓄全部能转化为投资，从而储蓄率即投资率或资本积累率成为决定经济增长率的唯一因素[14]。因而模型实际上将资本积累视作决定经济增长的唯一因素。哈罗德—多马模型因为假定资本产出比不变和资本与其他生产要素不能相互替代等原因而受到指责。本文放宽了哈罗德—多马模型的条件，假定资本产出比是可变的，并将总资本划分为军事资本（即军事实力，MI）和非军事资本（NMI）两类资本①。在哈罗德—多马模型中，$k = \frac{K}{Y}$，$K = MI + NMI$ 表示总资本，Y 表示总产出。令 $\theta = 1/k$，表示资本系数，那么

$$Y = \frac{Y}{K} \times K = 1/k \times K = \theta K = \theta(MI + NMI) \tag{17}$$

---

① 非军事资本等于总资本减去军事资本，总资本的测算参照张军：《对中国资本存量 K 的再估计》，《经济研究》2003 年第 7 期，第 35 ~ 43 页，并将数据扩展到 2010 年。

模型假定资本总存量是唯一投入，可见 θ 描述了资本的效率。对方程（17）进行全微分，得到：

$$\Delta Y=\theta\Delta K+K\Delta\theta=\theta(\Delta MI)+\theta\Delta NMI+K\Delta\theta \tag{18}$$

将方程（18）两边同时除以 Y，得到：

$$\frac{\Delta Y}{Y}=\theta\frac{\Delta MI}{Y}+\theta\frac{\Delta NMI}{Y}+\Delta\theta\frac{K}{Y} \tag{19}$$

将（17）式代入（19）式，得到：

$$\frac{\Delta Y}{Y}=\theta\frac{\Delta MI}{\theta K}+\theta\frac{\Delta NMI}{\theta K}+\Delta\theta\frac{K}{\theta K}=\frac{\Delta MI}{K}+\frac{\Delta NMI}{K}+\frac{\Delta\theta}{\theta} \tag{20}$$

由（20）式可以看出，增长率是由军事资本（军事实力）变动占总资本的比重、非军事资本变动占总资本的比重以及资本效率的变动率三方面共同引起的。将方程（20）两边同时除以$\frac{\Delta Y}{Y}$，得到：

$$\frac{\Delta MI/K}{\Delta Y/Y}+\frac{\Delta NMI/K}{\Delta Y/Y}+\frac{\Delta\theta/\theta}{\Delta Y/Y}=1 \tag{21}$$

根据方程（21），$\frac{\Delta MI/K}{\Delta Y/Y}$、$\frac{\Delta NMI/K}{\Delta Y/Y}$和$\frac{\Delta\theta/\theta}{\Delta Y/Y}$依次表示军事资本（军事实力）、非军事资本和资本效率对产出的贡献率。将数据代入，进而得到 1953 ~ 2010 年军事实力对经济实力的贡献率，见图 4。

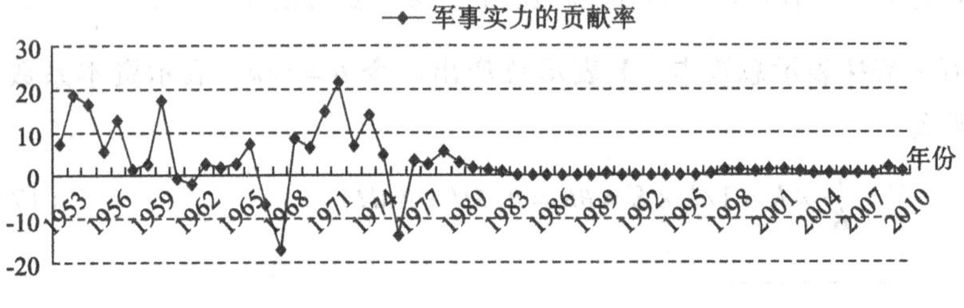

图 4　中国军事实力对经济实力的贡献率演进图（单位：%）

图 4 显示:

1. 1953～2010 年期间，除了个别年份（1961、1962、1967、1968、1976 和 1988 年）外，军事实力对中国经济实力的贡献均为正数，也就是说军事实力的确能够促进中国经济的增长，平均贡献率达到了 3%。

2. 军事实力对经济增长的贡献率在 1984 年之前具有“数值大、波动大”的特点，呈现出“上升—下降—上升—下降……”的“余弦波”趋势。这段时期军事实力对经济增长贡献率的标准差高达 8.46，平均值为 5%，除 1967、1968 年外，在 1972 年达到最大值 21.56%，最小值出现在 1976 年的 -13.56%。1953 年中国开始执行发展国民经济的第一个五年计划，以实现社会主义工业化，但此时中国安全形势严峻，国民党试图反攻大陆，美国也极力想扼杀新生的人民政权。在这样的情况下，军事实力对经济建设发挥了重要的作用。1953 年中国取得了抗美援朝战争的胜利，并进行了阅兵仪式，显示了中国的军事实力，对国民党、美国等产生了震慑作用，巩固了新生的人民政权，维护了国内经济建设环境的相对稳定。从 1953 年到 1966 年，军事实力对经济实力的贡献率平均值高达 7%。“文化大革命”期间，中国的军事实力和经济实力均遭到严重破坏，在极其困难的情况下，军队投入了大量的人力、物力和财力，进行了规模宏大的军事建设，积极发展新型武器装备，成功爆炸了第一颗氢弹并成功发射第一颗人造卫星，常规武器研制生产的品种和数量都有所增加，军队开展了农副业生产并积极参加、支援国家经济建设，为经济增长做出了重要贡献，军事实力在 1967～1976 年对经济实力的贡献率平均值达到了 4%。

3. 1984 年之后，军事实力对经济增长的贡献率比较稳定，标准差仅为 0.5。但 1984 年之后的数值较小，平均值仅有 0.46%。20 世纪 70 年代末，国际局势发生了重大变化，和平与发展成为时代主题。邓小平最早察觉到这种变化，提出了世界大战不是不可以避免的论断。1984 年，他明确指出："国际上有两大问题非常突出，一个是和平问题，一个是南北问题。"党的工作中心随即转移到经济建设上来，军队开始大规模裁员，由于经济建设的国际国内环境相对稳定，军事实力对经济建设的贡献在这段时期较小，1984～1995 年，军事实力对经济实力的贡献率平均值仅为 0.2%。但 1996 年，台湾岛内局势发生了变化，李登辉提出了"特殊两国论"；2000 年，陈水扁提出"一边一国论"。除了"台独"之外，中国还面临"藏独"顽固势力的破坏，在南海、钓鱼岛等问题上与菲律宾、日本等国时常发生摩擦，历史遗留的领土和领海争端较多，海洋权益不断遭受侵犯，成为阻碍中国经济发展的不确定因素。为了保证良好的经济发展环境和国家主权不受侵犯，中国不断提升自身的军事实力，军事实力对经济增长的贡献也有所提高，1996～2010 年军事实力对经济实力的贡献率平均值上升到 1%。

五、军事实力在经济增长中的效率分析

在经济增长过程中，资本的使用效率直接影响着经济增长速度，军事实力效率同样会对经济实力产生影响。一般采用平均资本—产出比这一指标衡量资本的效率。平均资本—产出比是资本存量除以年产出量（$k=K/Y$），k 越低，说明资本效率越高，k 越高，说明资本效率越低。如果 k 递增，资本效率就会下降，如果 k 递减则表示资本效率上升。然而，经济增长的根本原因在于产出具有正的增量，而产出的增量在很大程度上是由各种决定产出增长的要素投入的增加引起的。如果要素投入不增加，而是停留在原来水平上，则产出增长将会大大减少。所以也可以用边际或增量资本—产

出比率（incremental capital output ratio，ICOR）（以下简称比）指标来衡量资本效率。*ICOR* 表示追加的资本存量与增加的产出量之比（$ICOR = \Delta K/\Delta Y$ 或 $I/\Delta Y$）。如果 *ICOR* 递增，资本效率就会下降，如果 *ICOR* 递减则表示资本效率上升。本文分析了中国军事资本（军事实力）和非军事资本的效率情况，其中非军事资本为总资本和军事资本之差。分别用 *mk*、*nmk* 表示军事资本、非军事资本的平均资本—产出比，*MICOR*、*NMICOR* 分别表示军事资本、非军事资本的增量资本—产出比率。图 5 和图 7 反映了以上指标的数值和变化情况。

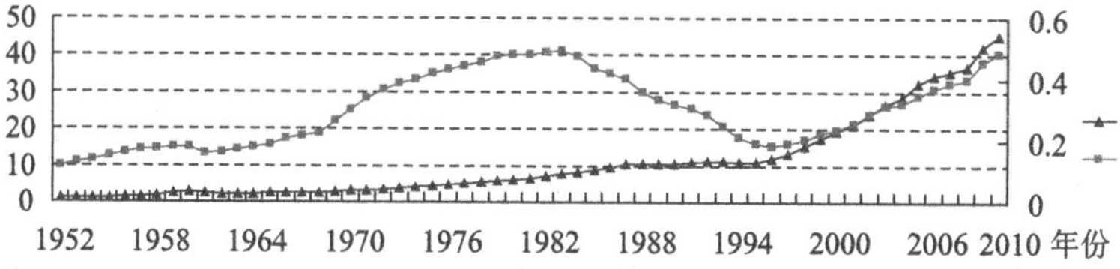

图 5　军事资本和非军事资本平均资本—产出比趋势图

注：*nmk* 的纵坐标在左，*mk* 的纵坐标在右。

从图 5 中可以看出，1952～2010 年中国军事资本的平均资本—产出比呈现出先上升后下降再上升的“正弦波”趋势，进而说明中国军事实力在经济增长中的效率呈现出先下降后上升再下降的“余弦波”趋势。其中，1952～1965 年军事资本的平均资本—产出比比较稳定，其值均低于 0.2，平均值为 0.16，几何平均增长率为 3.59%。1966～1983 年军事资本的平均资本—产出比呈现上升趋势，其值在 1966 年为 0.21，到 1983 年达到最大值 0.49。这段时期其值均在 0.2 以上，平均值为 0.38，几何平均增长率为 5.19%。几何平均增长率最大的时期为 1966～1971 年，其值高达 10.06%，1966～1976 年间几何平均增长率为 7.6%，从而说明这段时期军事实力对经济增长的效率下降幅度较大。1983～1996 年间军事资本的平均资本—产出比呈现出下降的趋势，其值由1983年的0.49下降到1996年的0.19，几何平均增长率为-7%，说明这段时期中国军事实力对经济增长的效率在上升。1996~2010年军事资本的平均资本—产出比又开始递增，其值由1996年的0.19增加到2010年的0.49，说明这段时期内军事实力对经济增长的效率呈现下降趋势。

图5显示，除了1993~1994年非军事资本的平均资本—产出比略微有所下降外，其余年份一直呈现上升的趋势，从而表明非军事资本在经济增长中的效率一直处于下降的态势。1952年非军事资本的平均资本—产出比为0.98，2010年增加到45.12，是1952年的46倍，几何平均增长率也高达6.82%。1952~2010年中国军事资本的平均资本—产出比在0.3上下浮动，而非军事资本的平均资本—产出比的平均值为10.7。由此可见，中国军事资本的平均资本—产出比远远低于非军事资本的平均资本—产出比，或者说军事实力在经济增长中的效率要远远高于非军事资本的效率。平均而言，军事资本的效率是非军事资本效率的36倍。图6（非军事资本与军事资本的平均资本—产出比之比 *nmk/mk*）进一步反映了这种差距。

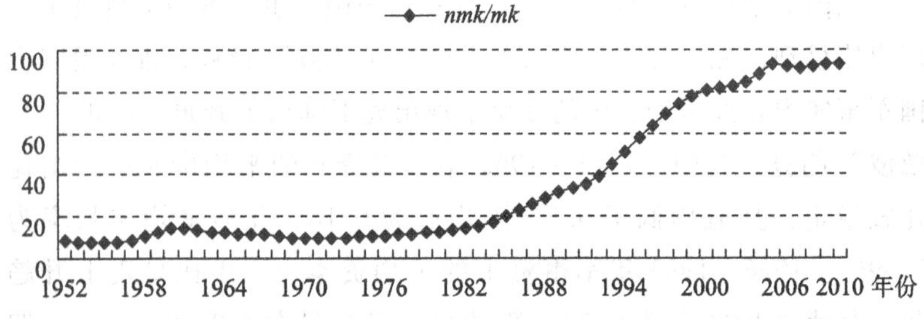

图6　*nmk/mk* 趋势图

从图6 *nmk/mk* 的走势来看，非军事资本的平均资本—产出比不仅远远大于军事资本的平均资本—产出比，而且这种差距随着时间的推移会进一步加大，在1977年之前差距比较小，这段期间

nmk/mk 的值在 10 上下波动。但从 1978 年开始，*nmk/mk* 的值呈现加速上升的趋势，其值由 1978 年的 11.94 上升到 2005 年的 92.95，2005 年之后，*nmk/mk* 的值维持在 93 左右。这反映出中国军事实力的数值虽然远远低于非军事资本存量，但军事实力在经济增长中具有很高的效率。

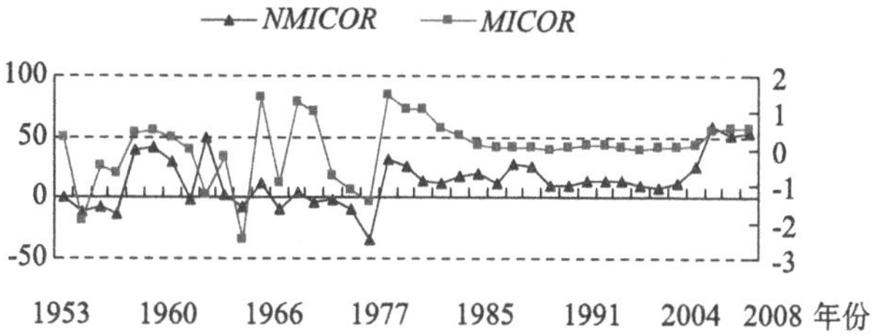

图 7　*MICOR* 和 *NMICOR* 的趋势图

注：*NMICOR* 的纵坐标在左，*MICOR* 的纵坐标在右。

图 7 反映了中国军事资本和非军事资本的增量资本—产出比率变化情况①。比较图 5 和图 7，可以得到以下信息：

1. 军事资本增量资本—产出比要大于军事资本平均资本—产出比，前者的平均值是后者平均值的 12 倍，并且军事资本增量资本—产出比的变动大于军事资本平均资本—产出比的变动。在整个样本期间，军事资本增量资本—产出比和平均资本—产出比的标准差分别为 17.69 和 0.12。由此可见，采用平均资本—产出比反映中国军事实力的效率要比采用增量资本—产出比反映中国军事实力的效率会更加稳定。

2. 图 7 显示军事资本的增量资本产出比要低于非军事资本的增量资本产出比，1953～2010 年军事资本增量资本—产出比的平均值为 3.53，而非军事资本增量资本—产出比的平均值为 34.75，后者

① 文中舍去了数值较大的增量资本产出比率。

是前者的近10倍，从而表明中国军事实力在经济增长中的效率是非军事资本的效率的10倍。

3. 1984年之前军事资本的增量资本—产出比呈现出周期性波动。1952～1984年军事资本的增量资本—产出比的标准差为23.54，这段时期军事实力的效率也表现出周期波动性。1984～2010年军事资本的增量资本—产出比相对稳定，标准差为2.13，军事实力的效率在这期间表现出一定的稳定性。

六、结论和讨论

本文采用永续盘存法对中国的军事实力进行了测度，从协整关系、格兰杰因果检验两个方面考察了中国军事实力与经济实力的关系，通过建立包含军事实力的哈罗德—多马增长模型，研究了军事实力对经济增长的贡献，并从平均资本—产出比和增量资本产出比两个角度测算了军事实力在经济增长中的效率。研究结论包括三个方面：第一，中国军事实力与经济实力之间存在双向因果关系，不仅经济增长能够促进军事实力的提升，同时军事实力也会对经济增长产生影响；第二，军事实力对经济增长具有正向影响，军事实力能够促进中国经济的增长，1952～2010年军事实力对经济增长的平均贡献率达到了3%，最近几年的贡献率也维持在1%左右；第三，如果从军事资本的平均资本—产出比的角度测算中国军事实力在经济增长中的效率，1952～2010年中国军事实力在经济增长中的效率呈现出先下降后上升再下降的“余弦波”趋势；如果从军事资本的增量资本产出比的角度测算中国军事实力在经济增长中的效率，1952～1984年军事实力在经济增长中的效率呈现出周期性波动，1984～2010年军事实力在经济增长中的效率比较稳定。但总体而言，军事资本增量资本—产出比要大于军事资本平均资本—产出比，并且军事资本增量资本—产出比的波动性要大于军事资本平均资本—产出比的波动性。采用平均资本—产出比反映中国军事实力在经济增长中的效率要比采用增量资本—产出比反映中国军事实力在经济增长中的效率更加稳定。

在当今世界，经济资源越来越重要，经济资源既能产生军事软实力，也能带来硬军事实力。而在 21 世纪，军事实力的效用比不上 19 世纪和 20 世纪，军事实力在当前越来越多的局势中很难发挥作用，但它仍然是世界政治实力中至关重要的组成部分，我们不能因此而否定军事实力的作用。至少从中国的证据来看，经济实力并不能取代军事实力的地位，军事实力不仅能够促进经济实力的提升，而且具有极高的效率。因此，我们不能忽视军事实力在经济增长中的功效。有时候，面对一些复杂的问题，运用军事力量或军事力量与经济力量的联合使用，不仅必要，也是符合道义的。正如前文指出，有关军事实力和经济实力的争论自古以来就是一个焦点问题，而这些争论多数只是从理论上进行了分析，很难用于指导实践活动。本文从中国的数据出发，对军事实力与经济实力的关系进行了初步的实证分析，得出的结论也只能适合中国的情况。在今后的研究中，需要收集和测算更多国家的数据，进行更为全面的实证研究。

参考文献

[1] JosephS. Nye. Has Economic Power Replaced Military Might? [EB/OL]. http://www.project-syndicate.org/commentary/has-economic-power-replaced-military-might, 2011-06-06.

[2]《马克思恩格斯选集》第 3 卷，人民出版社 1995 年版。

[3] 刘凤义、孔妮：《从军事凯恩斯主义到全球新自由主义的军国主义》，《国外理论动态》2008 年第 9 期。

[4] 黄新：《论新军事革命与战略对策》，蓝天出版社 2002 年版。

[5] Gregory G. Hildebrandt. The Economics of Military Capital. Santa Monica (Report No. R - 2665 - AF) [R]. CA: The Rand Corporation, 1980.

[6] Gregory G. Hildebrandt. Services and wealth measures of military capital (Measures of Military Capital) [J]. Defence Economics, 1990, 2 (1).

[7] Charles Wolf. Long - Term Economic and Milility Trends 1994 ~ 2015, The United States and Asia [M]. Santa Monica, Calif.: The Rand Corporation, 1995.

[8] 胡鞍钢、刘涛雄：《国防建设大大滞后于经济建设：从国防资本存量占全国总量比重看国防能力变化（1952 ~ 2001）》，《中国国防经济》2003 年第 1 期。

[9] 李京文、（美）D. 乔根森、郑友敬、（日）黑田昌裕：《生产率与中美日经济增长》，中国社会科学出版社 1993 年版。

[10] 黄勇峰、任若恩、刘晓生：《中国制造业资本存量永续盘存法估计》，《经济学季刊》2002 年第 1 期。

[11] ~ [12] 张军、吴桂英、张吉鹏：《中国省际物质资本存量估算：1952 ~ 2000》，《经济研究》2004 年第 10 期。

[13] Reinsdorf and Cover. Measurement of Capital Stocks, Consumption of Fixed Capital, and Capital Services: Report on a Presentation to the Central American Ad Hoc Group on National Accounts [R]. 2005.

[14] E. 多马：《经济增长理论》，商务印书馆 1983 年版。

军工上市公司资本市场分形研究①

陈波　　闫仲勇　　郝朝艳
Chen bo　Yan Zhongyong　Hao Chaoyan

（中央财经大学国防经济与管理学院　北京　100081）

内容提要：军事工业是国家战略性产业，军工资本市场的运行情况对国防安全的长远发展产生影响。文章在对中国军工上市公司总体情况进行分析的基础上，选取有代表性的33家上市交易的军工公司股票日收盘价为例，用分形理论对中国军工股票市场的分形结构与分形维进行研究。结果表明，中国军工股票市场具有一定的分形特征，并不满足完全市场假说。

关 键 词：资本市场分形结构　*R/S*分析法　赫斯特指数

中图分类号：E0－054　　　**文献标识码**：A

① 此论文已经发表在《中国国防经济学：2006》，2007年4月。

一、引　　言

长期以来，作为新古典主义经济学基石之一的有效市场假说（EMH），一直是分析资本市场的理论前提。根据这一假说，所有投资者都是理性的。价格变动遵循马尔可夫过程，其变化收益率概率分布服从正态分布。近年来，越来越多的实证研究发现，金融市场时间序列大多具有非线性，收益率不服从正态分布，因而，传统的有效市场假说没有得到有力的支持。传统资本市场理论之所以不能解释资本市场的许多现实情况，根本原因在于这一理论大多是在线性范式下的近似分析，但现实资本市场大多是以非线性方式对外界作用发生反应，非线性关系使得因果关系失衡，一个微小的因素就能导致其幅值无法衡量的效果。

20 世纪 80 年代，以曼德勃罗（Mandelbrot，1982）为代表的众多学者就对资本市场的有效市场假说提出了质疑，认为资本市场收益率分布具有典型的尖峰、肥尾特征，实际服从稳定帕累托（stable Pareto）分布，并且在一定条件下，它对应于分数布朗运动（FBM），其特点是自相似性（self - similar）、长期相关性（long - run dependence）和统计自相关性。随着非线性金融理论的发展，分形等复杂性理论被越来越广泛地应用到资本市场分析中。彼得斯（Peters，1994）提出了分形市场假说（FMH），并利用 *R/S*（Rescaled range analysis）分析方法，来判断市场分形结构的性质和程度，检验长期记忆性的非线性特征。他（Peters，1996）认为，分形分布很好地描述了金融数据的表现特征，即市场存在非线性的混沌特征。而进一步解释这种特征，就必须借助混沌学工具来进行分析。近年来，国内不少学者运用分形理论来研究国内资本市场和期货市场。徐龙炳、陆蓉（1999）对中国股市进行 *R/S* 分析，得到沪深股市的赫斯特指数分别为 0.661 和 0.643，并且沪市存在一个平均为 193 天的非周期循环长度；陈梦根（2003）通过对沪深两市股指分析发现，两市股指时间序列分布均为非正态的，表现出尖峰、长尾、右偏的特征，表明股指收益序列可能为非线性动力系统；樊智、张世英（2003）运用分形理论进行金融波动持续性研究，并用不同的 GARCH 模型对中国股市的波动持续性进行了实证研究；庄辛潭（Zhuang Xin - tan，2005）等运用 R/S 分析法和 DFA（非趋势波动）分析法来分析中国股票市场，认为市场表现为非有效性市场，股价指数显示出有偏随机游走所具有的长期记忆性的特征；李红权、马超群（2005）提出了计量股指波动风险水平的二维度指标：频度和累积性水平，并以蒙特卡洛模拟证明了赫斯特（Hurst）指数作为风险指标的合理性。类似的研究还有史永东（2000 年），伍海华等（2001），这些研究的分析结果发现，股票市场存在明显的分形结构特征。

军事工业是国家战略性产业，是直接为国家安全服务的。近年来，随着我国社会主义市场经济建设的不断发展和军事采办制度的逐步改革，军工多元化融资的步伐也在逐步加大。据统计，截至 2005 年底，十一大军工集团公司共有所属上市公司 44 家，这些公司上市的方式尽管各不相同：有的采取了军民捆绑上市的形式，有的剥离了军品生产部分。但从总体上看，军事工业进入资本市场，利用资本市场上市融资，有利于促进中国国防科技工业的跨越式发展。然而，中国现在对军工企业的研究大多集中在军工企业管理、脱困等制度或政策性层面，还缺乏对军工资本市场有效性等的深层次探讨，还没有看到对中国军工上市公司资本市场分形结构、分形特征等的规范研究。基于此，本文对这一问题进行了系统探讨。全文共分五部分，除引言外，第二部分对中国军工上市情况给予一个介绍性描述；第三部分介绍分形研究的基本理论与方法；第四部分具体对中国军工上市公司进行实证研究；第五部分给出全文的一个结论，并对部分问题进行了简短的讨论。

二、中国军工上市公司基本情况

1999 年，航天科技集团的火箭股份、中国卫星和航天科工集团航天长峰等军民两用产品企业的买壳上市拉开了中国军工企业上市的序幕，2004 年 6 月 2 日国防科工委和国家发改委联合发布《国防科技工业产业政策纲要》，明确了中国国防工业市场化发展的思路：推进国防科技工业投资主体多元化；鼓励社会资金参与国防科技工业建设；鼓励符合条件的军民两用产品生产企业改制上市。军工进入资本市场在中国国防科技工业的发展中越来越重要。

（一）各大军工集团公司所属军工上市公司概况

据统计，截至 2005 年底，十一大军工集团公司共有所属上市公司 44 家。但军工集团公司所属上市公司的分布并不均衡，从数量上看，中国兵器集团公司上市公司共有 9 家，居各集团公司首位；其次为中国航空工业第二集团公司和中国航天科技集团公司，分别为 8 家；上述 3 家合计占军工集团公司上市公司家数的 56.82%（见表 1）。从上市时间看，1999 年 7 月 1 日军工集团成立后共上市 25 家，占总家数的 56.82%，最近几年是军工集团资本运作比较活跃的时期。其中，中国兵器工业集团公司、中国航空工业第二集团公司、中国航天科工集团公司三家在 1999 年 7 月后共上市 18 家，占同期军工集团公司上市家数的 72%。资本运作促进了上述 3 家集团公司业务的快速增长，2003 年度中国兵器工业集团公司和中国航空工业第二集团公司按销售收入排名，分别列军工集团公司的第 1、2 位。

表 1　　各大军工集团公司所属公司上市情况统计　　单位：家

集团公司	上市公司家数		上市公司名称	上交所	深交所	深交所中小企业板	香港证券交易市场
	1999 年 7 月前	1999 年 7 月后					
中国核工业集团公司	1		中核科技		1		
中国核工业建设集团公司							
中国航空工业第一集团公司	1	2	贵航股份、西飞国际、中航精机	1	1	1	
中国航空工业第二集团公司	2	6	哈飞股份、洪都航空、东安动力、昌河股份、成发科技、南方摩托、中航科工、ST 黑豹	6	1		1
中国航天科技集团公司	5	3	中兴通讯、航天机电、火箭股份、中国卫星、航天动力、航天科技（0031HK）、航科通信、亚太卫星	4	1		3
中国航天科工集团公司	1	5	航天科技（000901）、航天晨光、航天长峰、航天通信、航天信息、航天电器	4	1	1	
中国船舶工业集团公司	3		广船国际、沪东重机、江南重工	3			
中国船舶重工集团公司		1	风帆股份	1			
中国兵器工业集团公司	2	7	长春一东、北方股份、北方国际、北方天鸟、凌云股份、新华光、北方创业、晋西车轴、安捷利	7	1		1
中国兵器装备集团公司	3		中国嘉陵、长安汽车、ST 建摩 B	1	2		
中国电子科技集团公司	1	1	华东电脑、四创电子		2		
统计	19	25		27	10	2	5

在表1中，我们也统计了各军工上市公司上市地点情况，表中可见，军工集团所属上市公司89%都集中在国内主板市场，其中61%在上海市场，27%在深圳市场（含中小企业板），而只有11%在非中国内地上市，并且主要集中在香港市场。这不仅受军事工业背景条件的限制，也在一定程度上反映出中国军工的国际化程度还不高。

（二）中国军工上市公司上市模式

从总体上看，军工上市模式有以下情况：一种是直接上市，具体可分为整体上市、部分上市或重组上市；另一种是间接上市，可分为买壳上市或借壳上市等。表2给出了军工集团所属公司上市方式的情况列表，从表中可见，直接上市的有37家，占84%，是当前军工上市的主流模式。

表2　各大军工集团所属公司上市方式统计　单位：家

集团名称	直接上市			间接上市	合计
	整体上市	部分上市	重组上市		
中国核工业集团公司		1			1
中国核工业建设集团公司					
中国航空工业第一集团公司		3			3
中国航空工业第二集团公司		6	1	1	8
中国航天科技集团公司	1	3		4	8
中国航天科工集团公司		2	2	2	6
中国船舶工业集团公司		2	1		3
中国船舶重工集团公司		1			1
中国兵器工业集团公司	5	4			9
中国兵器装备集团公司	1	2			3
中国电子科技集团公司		1	1		
总计	7	25	5	7	44

军工上市公司在上市过程中，一部分对军品业务和资产进行了剥离，典型的如中国嘉陵等。但一部分亦采取了军民捆绑上市的形式且有不俗的表现。如拥有导弹总装系统的上市公司G航通在股票市场屡有佳绩，公司已形成了导弹武器系统、军民两用信息系统和航天产品三大主业，在雷达导航、测控技术、自动化技术、卫星全球定位系统等方面形成了自己的特色和优势。火箭股份的产品大多属于国家航空航天和军事装备，该公司净利润每年均保持较高的增长水平，同时各项财务指标也处于非常健康的状态。借中国空军由战略防御向攻守兼备思想转型的推动，以生产战斗机为主要产品的洪都航空目前在深沪两市中屡屡受到青睐。

（三）军工上市公司发展前景

1999年，火箭股份买壳上市后通过资产置换与国防资产的注入，创造了国防军工企业资产证券化的模式，并保持了公司业绩持续稳定的增长。2006年股权分置改革，中国卫星、航天长峰、洪都航空、航天信息、火箭股份等注入或承诺注入军民两用资产，这些企业都是军工系统重点配套企业，具有雄厚的科研基础和丰富的科研成果。这些公司不仅可以分享中国新军事变革带来的行业快速成长机会，而且科技成果或制造能力的产业化空间巨大，具有长期投资价值。表3根据“中金在线”按2006年7月的收盘价计算，给出了部分军工上市公司的EPS和当前市净率等情况。

表3　　部分军工上市公司当前市净率等情况表

股票名称	总股本（万股）	EPS（元）				07PE	当前市净率
		05	06E	07E	08E		
G西飞	62640	0.064	0.13	0.30	0.45	35.80	3.37
G卫星	22740	0.030	0.29	0.66	0.98	27.18	11.93
G重机	24149	0.561	0.88	1.25	1.75	15.84	6.17

续表

股票名称	总股本（万股）	EPS（元）				07PE	当前市净率
		05	06E	07E	08E		
G 航信	30780	0.820	1.10	1.35	1.70	19.38	4.12
洪都航空	25200	0.230	0.65	1.25	2.50	24.09	6.29
G 航通	32617	0.036	0.11	0.25	0.50	33.12	4.92
G 广船	49468	0.200	0.32	0.55	0.60	18.69	6.06
G 长峰	29260	0.116	0.20	0.42	0.65	21.31	4.50
G 火箭	49138	0.500	0.46	0.60	0.80	23.17	5.76
成发科技	14000	0.15	0.24	0.32	0.45	38.63	3.69

资料来源：http：//hy. stock. cnfol. com/060721/124，1471，1962630，00. shtml.

2004 年 6 月 2 日国防科工委和国家发展和改革委员会联合发布《国防科技工业产业政策纲要》，明确了中国国防工业市场化发展的思路。同年中国航空二集团将旗下直升机、教练机以及汽车等经营性资产整体打包在香港上市；2005 年航天电器 IPO 上市进一步推进了国防工业市场化与证券化进程，从总体看中国军工通过上市进行资本运作将会不断加强。

三、分形研究：理论与方法

作为研究非线性系统有效工具的分形理论，可将不确定的非线性系统数量化，在无规则性中找到秩序。分形理论在自然界的研究中已得到广泛的应用，近年来，许多理论工作者运用复杂性科学的研究方法来研究资本市场，克服了 EMH 和资本市场理论的局限性。大多数资本市场价格走势实际上是一个分形时间序列，分形时间序列是以长期记忆过程为特征，具有“循环”和“趋势”双重特征。

（一）有效市场假说（EMH）与分形市场假说（FMH）

早在有效市场假说提出之前，曼德尔布罗特（B. B. Mandelbrot）等学者就已经对股票市场价格的变化模式进行了研究，认为股票市场价格序列服从具有尖峰、肥尾特征的分形分布，并且提出了著名的分形理论。特别是自 1987 年的“黑色星期一”之后，有效市场假说对市场解释的失效引起了人们的极大关注。曼德尔布罗特提出的分形理论随同混沌等非线性科学理论与方法在金融市场中的研究和应用逐渐得到重视。彼得斯（Peters）利用曼德尔布罗特的分形方法对资本市场统计特性进行了研究，结果表明包括美国、英国、德国和日本在内的国外资本市场不是一个有效市场，而是一个非线性的动力系统，具有明显的分形结构特征，并在此基础上提出了分形市场假说（Fractal Market Hypothesis，FMH）。分形市场假说解释了有效市场假说及建立在其基础上的资本市场理论所不能解释的“异象”，对有效市场假说构成了巨大的挑战（见表 4）。

表 4　　分形市场理论与有效市场理论的主要比较

	有效市场理论	分形市场理论
市场特性	线性、孤立系统	非线性、开放、耗散系统
均衡状态	均衡	允许非均衡
系统复杂性	简单系统	具有分形、混沌等特性的复杂系统
反馈机制	无反馈	正反馈
对信息的反应	线性因果关系	非线性因果关系
收益序列	白噪音、不相关	分数噪音、长期记忆
价格序列	布朗运动（H =015）	分形布朗运动（015 < H）
可预测性	不可预测	提供了一个可预测的新方法
波动有序性	无序	有序
二者之间关系	有效市场是分形市场的一个特例；分形市场拓展了有效市场的含义；分形市场理论更广泛、准确地刻画了市场	

（二）资本市场分形分析的模型与方法

单分形过程（如分形布朗运动）是用更为广泛的分形参数（如 Hurst 指数、分形维等）来刻画资产价格过程的统计特性，显然比独立正态过程（如布朗运动）更为客观地刻画了资产价格过程的真实特性。从现有相关文献来看，对单分形结构的研究主要从 *R/S* 分析、分形维分析、分形分布分析和长记忆分析四种视角来进行，但这四种分析方法之间存在内在的联系，所以本文采用了经典的 *R/S* 分析法（重标极差分析法）结合分形维进行分析。

1. 重标极差（*R/S*）。*R/S* 分析法是赫斯特（Hurst）基于曼德布尔罗特提出的分形几何理论，于 1965 年提出的一种时间序列统计方法，是用来研究分形时间序列的一种常用方法，它可以区分分形时间序列和随机时间序列，并且可以分析时间序列的周期和非周期循环。赫斯特通过用观测值的标准差去除极差来建立一个无量纲的比率，即重标极差（*R/S*）；而所采用的极差是在一定时间增量中，观测值对平均值的累积离差。具体计算和定义如下：

$$X_{t,n} = \sum_{i=1}^{n}(X_i - \mu)$$

$$R_n = \max(X_{t,n}) - \min(X_{t,n})$$

$$\left(\frac{R}{S}\right)_n = a \cdot n^H$$

其中，$X_{t,n}$为累积离差；X_i 为第 i 次的观测值，μ 为观测值的均值，R_n 为极差，S 为观测值的标准差，$\left(\frac{R}{S}\right)_n$ 为时间增量是 n 的重标极差，a 为常数，H 为赫斯特指数。

2. Hurst 指数。对计算重标极差公式两边取对数，得 $\log\left(\frac{R}{S}\right)_n = \log(a) + H \cdot \log(n)$，通过线性回归求得 log（*R/S*）对于 log（*n*）

的斜率，即为 Hurst 指数。

赫斯特引入 Hurst 指数以判定序列的随机分布性质和分形性质。Hurst 指数是用于刻画时间序列分形特征的应用极为广泛的数量指标，它以一个简单的数值表达了时间序列的许多重要信息。当 $H=0.5$ 时，表明时间序列是随机和独立的，即序列是随机游走的。当 $0\leqslant H<0.5$ 时，表明时间序列是反持久性的序列，也被称为“均值反复”（meanreversion）。当 $0.5<H\leqslant 1$ 时，表明时间序列是趋势增强的持久性序列，是分形的；其概率分布不是正态的，且 H 的倒数就是分形的维数。绝大多数资本市场均符合持久性的时间序列。在这样一种序列中，观测值是相互相关的，状态具有长期的记忆性，现在对于未来的影响可以表现为相关性，即：$C=2^{2H-1}-1$，其中，C 为相关性度量。

3. 循环长度。由于社会经济现象中大量存在非周期性循环，在 R/S 分析及 log/log 绘图中，曲线的斜率在变化，即序列在不同的时间长度内，其相关性是不同的。对于非常长的周期 n，长期记忆耗散后，序列会收敛到 $H=0.5$，变得像随机游走。此时，该转折点对应的时间长度，即为序列的平均循环周期。为获得序列的平均循环周期，赫斯特提出 V_n 统计量，即：$V_n=\frac{\left(\frac{R}{S}\right)_n}{\sqrt{n}}$。对于 $H>0.5$ 的持久性时间序列，R/S 是以大于时间增量 n 的平方根标度的，这时 V_n 是关于 log（n）向上倾斜的，曲线有更陡峭的斜率；反之，V_n 则是关于 log（n）向下倾斜的。V_n 图形形状的改变将意味着 R/S 随时间增量标度的方式发生变化，原来的长记忆因系统发生突变而消失。通过检验 H 值在不同时间频率上的缩放，可以检验 R/S 分析的稳定性问题。另外，R/S 分析法通过打乱原序列后能否生成独立的新序列，来检验其有效性。

4. 分形维。分形维是描述非线性系统复杂程度的重要指标。其定义形式是基于 Hausdorff 测度和数学极限的定义，它可决定系统受几个主要状态变量的影响。分形维有多种计算方法，如拓扑维、Hausdorff 维、信息维等。20 世纪末期以来，分形维已经广泛用于资本市场的研究中，其中对资本价格时间序列分形维的研究，因为处理的只有一个变量，其值介于 1 和 2 之间，反映了价格曲线的不规则程度。如果分形维值在 1 与 1.5 之间，那么时间序列比直线更曲折，比随机游走更平滑，具有状态持续性；如果介于 1.5 与 2 之间，时间序列就比随机游走更曲折，具有状态反持续性。

四、中国军工上市公司资本市场分形的实证研究

我们选取 33 家军工上市公司股票的每日收盘价数据，时间大致是 2000 年 12 月 1 日到 2006 年 7 月 12 日，每只股票大约有 1262 个数据（见表 6）。部分公司根据该公司上市的具体情况可能略少于这些数据。原始的收盘价数据来自中国最大的财经资讯网站与移动财经服务提供商“证券之星”数据库。

本文用作实证分析的数据实际上不是原始价格序列，而是由原始价格序列转换而成的对数收益率序列，因为它具有良好的性质，更便于理论研究。对数收益率定义式为：$R(t) = \log P(t+1) - \log P(t)$，其中 $P(t)$ 表示第 t 期的指数价格，$R(t)$ 表示第 t 期的指数收益，$\log(\cdot)$ 为自然对数函数。

（一）股市收益正态性检验

图 1 是中核科技、火箭股份、广船国际三种股票收盘价数据曲

线图，图中可以看出该数据存在一定的分形现象。用 Jarque - Bera 检验对军工股市收益率进行正态性检验，表 5 给出了样本的基本统计量以及 JB 检验结果。由表中可见，部分公司日收益的偏度大于 0，呈现右偏态势，峰度大于 3，呈现尖峰态势。JB 检验统计量估计值远大于 1%、5% 对应的临界值，因而拒绝了收益率序列服从正态分布的零假设。

表 5　　　　中国军工上市公司基本数据的统计特征

股票名称	样本数	均值	最大值	最小值	标准差	偏度	峰度	JB 统计量
嘉陵	1321	-0.000244	0.0417	-0.04616	0.008888	-0.08009	6.707274	757.8983
晋西车轴	473	0.000253	0.0416	-0.06329	0.012687	-0.34625	5.246552	108.9193
凌云股份	660	-0.000239	0.0419	-0.13326	0.012712	-3.06768	35.1871	29525.44
中核科技	1299	-0.000132	0.0416	-0.04914	0.011534	0.186667	5.256939	283.2442
火箭股份	1305	-0.000166	0.0416	-0.22254	0.013682	0.013682	-6.24423	469939.4
航天动力	748	-0.000192	0.1441	-0.04597	0.014747	1.171959	15.63098	5143.609
航天机电	1309	-0.000188	0.0416	-0.23075	0.014517	-4.16642	65.15453	214491.8
中兴通讯	1291	-0.000116	0.0439	-0.09529	0.010457	-1.08191	15.65894	8871.905
航天长峰	1012	-0.000251	0.0468	-0.05115	0.012207	0.073136	5.159428	197.5308
航天晨光	1184	-0.000316	0.0416	-0.26654	0.013382	-9.46552	179.5624	1555611
航天电器	438	0.000543	0.0415	-0.20913	0.018337	-3.84925	43.0645	30375.87
昌河股份	1162	-0.000447	0.0419	-0.04623	0.011132	-0.06544	5.467138	295.5305
洪都航空	1309	0.000119	0.0415	-0.15552	0.011853	-1.77871	28.69419	36698.16
东安动力	1308	-0.000228	0.0417	-0.08951	0.009311	-0.42818	11.56177	4035.026
哈飞股份	1311	-6.96E-05	0.0416	-0.22823	0.014186	-3.16189	57.63431	165235
南方摩托	1303	-0.0002	0.0424	-0.17752	0.013193	-1.75862	28.89716	37083.06
中航精机	452	-0.000287	0.0415	-0.13837	0.015981	-1.86335	17.03041	3968.951
西飞国际	1304	-5.04E-05	0.053	-0.20374	0.011115	-4.29731	90.93384	424138.4
广船国际	1298	0.000173	0.0422	-0.05915	0.012287	0.085008	5.742317	408.2864

续表

股票名称	样本数	均值	最大值	最小值	标准差	偏度	峰度	JB 统计量
沪东重机	1300	0.000283	0.0416	-0.11667	0.011264	-0.58365	13.22438	5736.279
江南重工	1308	-0.000216	0.0419	-0.09114	0.011464	-0.26472	8.368797	1586.184
新华光	631	0.000126	0.0474	-0.04576	0.013372	-0.05744	4.27059	42.79219
北方创业	491	-0.000566	0.0431	-0.04708	0.012686	-0.14567	4.247412	33.57039
北方天鸟	692	-0.000388	0.0446	-0.20988	0.012662	-6.33726	110.7001	339078.7
北方股份	1304	-0.000203	0.0417	-0.07572	0.011391	0.266531	7.196122	972.11
成法科技	1070	-0.000166	0.0415	-0.04601	0.011136	0.127819	5.365629	252.4108
航天信息	692	-1.28E-05	0.0414	-0.28693	0.015994	-8.30581	151.6113	644749.4
中国卫星	1304	-1.60E-05	0.0417	-0.08185	0.012138	0.144494	7.567689	1138.136
航天通信	1309	-0.000236	0.064	-0.04604	0.012292	0.178208	5.527036	355.2269
航天科技	1297	-0.000467	0.0494	-0.20481	0.014518	-3.17665	43.68932	91653.88
北方国际	1308	-0.000467	0.0424	-0.21719	0.012689	-4.53451	75.78388	293195.8
长春一东	1310	-0.000398	0.0417	-0.0457	0.010588	-0.06383	6.180729	553.1113
长安汽车	1262	-8.12E-05	0.0417	-0.09039	0.011909	-0.25536	7.788168	1219.271

说明：JB 统计量在 5% 和 1% 显著性水平下的临界值分别为 5.9915 和 9.2103。

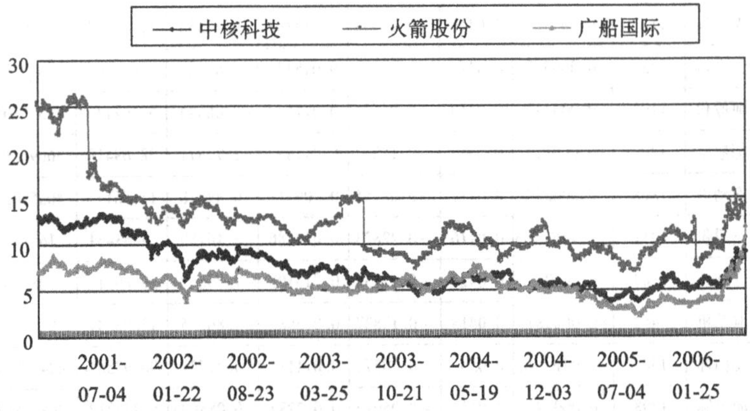

图 1 中核科技、火箭股份、广船国际股票收盘价数据曲线图

（二）算法与编程

R/S 的计算是一个高度数据集中的过程，一般需要编程进行计算。基本计算过程如下：

1. 将时间序列长度为 M 的原始数据转化为序列长度为 $M-1$ 的对数收益率序列：$S_t=\log(P_{t+1}/P_t)$。其中，$t=1, 2, \cdots, M-1$；S_t为 t 时刻对数收益率。

2. 将长度为 $M-1$ 的对数收益率序列均分为 A 个长度为 n 的连续子区间，标记每个子区间为 I_a，$a=1, 2, \cdots, A$。子区间每个元素标记为 $N_{k,a}$，长度为 n 的子区间 I_a 的均值为：$e_a = \frac{1}{n}\sum_{k=1}^{n} N_{k,a}$。

3. 每个子区间对均值的累积离差（$X_{k,a}$）的时间序列为：$X_{k,a} = \sum_{i=1}^{k}(N_{i,a}-e_a)$。其中，$k=1, 2, \cdots, n$。

4. 子区间 I_a 的极差 R_a 为累积离差序列 $X_{k,a}$的最大值减去最小值：$R_a=\max(X_{k,a})-\min(X_{k,a})$。其中，$k=1, 2, \cdots, n$。

5. 每个子区间的标准差为 $S_{Ia} = \sqrt{\frac{1}{n}\sum_{k=1}^{n}(N_{k,a}-e_a)^2}$。

6. 得到 A 个连续子区间序列 I_a 的重标极差序列：$\frac{R_{I_a}}{S_{I_a}}$（$a=1, 2, \cdots, A$），并求得其均值为 $(R/S)_n$。

7. 将子区间的长度增加，重复上述步骤，直到 $n=M-1/2$。

然后根据方程 $\log(R/S)_n=\log(a)+H\cdot\log(n)$，采用最小二乘法估计，得到的斜率即为 H 值。根据 Peters 的经验法则，一般从 $n\geqslant 10$ 开始计算。

本文的编程采用 Matlab 6.5 完成，作为优秀编程软件，它为非专业人员编程提供了极大的方便，其他部分实证研究采用 Eviews 软件完成。

（三）R/ S 分析

Hurst 指数证实了大部分军工上市公司具有分形结构与持久性，从经验分析结果（见表6）看至少有一半以上的军工上市公司的 H 值都显著大于0.5，较高的 H 值表明军工上市公司具有明显的分形结构和较强的持久性，各观测值之间互相是不独立的，前面的值会对后面的值产生影响，因为有一个长期的记忆起作用。收益率分布是一个有偏的随机游走过程，但其中也存在着噪声成分。产生这一现象可能是由于信息对于不同投资起点的投资者产生的影响不同，导致对于信息的非线性反应。

表6　各军工上市公司赫斯特指数回归分析结果

股票名称	回归区间	截距（t检验）	H（t检验）	R^2	F	分形维 D
嘉陵	2000－12－15～2006－06－30	－3.689（－13.582）	0.339（4.368）	0.300	19.079	1.669
晋西车轴	2004－05－26～2006－07－12	－3.292（－16.325）	0.307（5.328）	0.400	38.423	1.693
凌云股份	2003－08－15～2006－07－12	－3.395（－19.026）	0.330（6.478）	0.500	47.962	1.670
中核科技	2000－12－15～2006－07－12	－4.649（－20.595）	0.688（10.589）	0.709	67.460	1.312
火箭股份	2000－12－15～2006－07－12	－5.519（－18.198）	0.832（9.604）	0.658	59.984	1.168
航天动力	2003－04－08～2006－07－12	－2.689（－10.124）	0.153（2.089）	0.100	8.971	1.847
航天机电	2000－12－15～2006－07－12	－5.236（－17.400）	0.752（8.751）	0.615	56.649	1.248
中兴通讯	2000－12－15～2006－07－12	－5.095（－14.207）	0.813（8.322）	0.646	57.894	1.187

续表

股票名称	回归区间	截距（t检验）	*H*（t检验）	R^2	F	分形维D
航天长峰	2000-12-15~2006-07-12	-2.303 (-14.613)	0.031 (0.719)	0.220	18.778	1.969
航天晨光	2001-06-15~2006-07-12	-3.934 (-14.579)	0.424 (5.505)	0.387	35.782	1.576
航天电器	2004-07-26~2006-07-12	-5.061 (-15.398)	0.725 (7.723)	0.554	49.763	1.275
昌河股份	2001-07-06~2006-07-12	-2.588 (-9.890)	0.103 (1.383)	0.140	12.852	1.897
洪都航空	2000-12-15~2006-07-12	-5.332 (-17.992)	0.845 (9.989)	0.675	61.017	1.155
东安动力	2000-12-01~2006-07-12	-3.040 (-20.825)	0.200 (3.980)	0.207	17.832	1.800
哈飞股份	2000-12-18~2006-07-12	-3.956 (-10.996)	0.380 (3.701)	0.222	18.891	1.778
南方摩托	2000-12-01~2006-07-12	-3.407 (-18.226)	0.401 (7.511)	0.540	48.696	1.460
中航精机	2004-07-05~2006-07-12	-2.955 (-14.371)	0.243 (4.130)	0.262	24.874	1.757
西飞国际	2000-12-01~2006-07-12	-4.127 (-16.577)	0.551 (7.748)	0.556	50.042	1.449
广船国际	2000-12-01~2006-07-12	-4.550 (-14.043)	0.619 (6.686)	0.482	45.736	1.381
沪东重机	2000-12-01~2006-07-12	-5.658 (-15.255)	0.898 (8.138)	0.635	57.125	1.102
江南重工	2000-12-01~2006-07-12	-3.582 (-15.815)	0.344 (5.312)	0.370	33.387	1.656
新华光	2003-11-06~2006-07-12	-4.848 (-10.023)	0.693 (5.148)	0.438	40.053	1.307

续表

股票名称	回归区间	截距（t检验）	*H*（t检验）	R^2	F	分形维D
北方创业	2004－05－18～2006－07－12	－3.218 （－12.275）	0.376 （4.586）	0.429	38.742	1.624
北方天鸟	2003－07－04～2006－07－12	－3.306 （－13.721）	0.325 （4.648）	0.329	29.361	1.675
北方股份	2000－12－01～2006－07－13	－5.393 （－24.528）	0.776 （11.103）	0.690	63.545	1.224
成法科技	2001－12－12～2006－06－29	－4.355 （－14.788）	0.530 （6.260）	0.460	41.058	1.470
航天信息	2003－07－11～2006－07－12	－5.466 （－2.754）	0.934 （1.807）	0.261	23.699	1.066
中国卫星	2000－12－01～2006－07－12	－5.876 （－16.232）	0.951 （9.128）	0.644	58.470	1.049
航天通信	2000－12－01～2006－07－12	－3.082 （－17.156）	0.338 （6.533）	0.481	42.677	1.662
航天科技	2000－12－01～2006－07－12	5.150 （51.588）	0.695 （16.775）	0.752	86.059	1.305
北方国际	2000－12－01～2006－07－12	－5.049 （－11.515）	0.737 （5.929）	0.472	41.084	1.263
长春一东	2000－12－01～2006－07－12	－4.413 （－24.939）	0.636 （12.792）	0.659	88.911	1.364
长安汽车	2001－07－06～2006－07－11	－4.719 （－16.239）	0.574 （6.868）	0.506	47.160	1.426

我们选取航天科技、洪都航空、沪东重机；江南重工、北方股份、航天机电两组数据分别通过绘制 log（*R/ S*）－log（*N*）和 *V* －log（*N*）的坐标图，发现军工上市公司也确实存在自己的非周期循环（见图2、图3）。

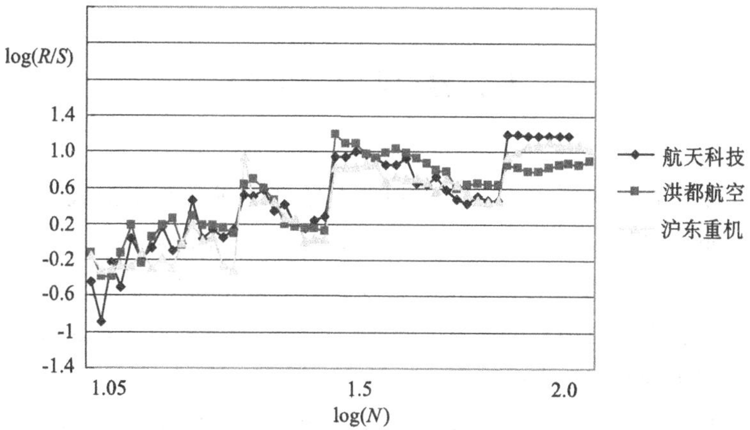

图 2　航天科技、洪都航空、沪东重机 logR/S – log$N$ 图

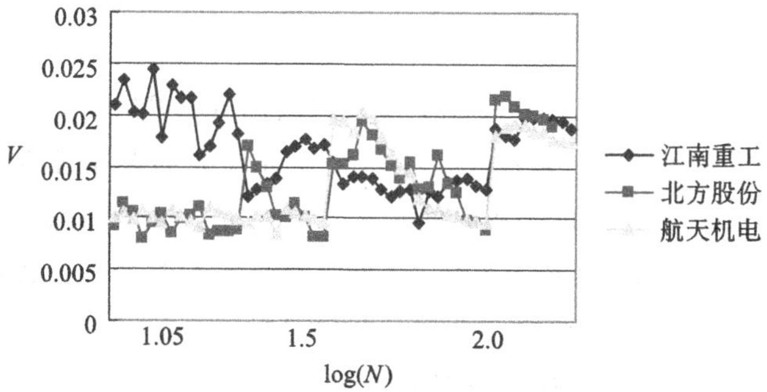

图 3　江南重工、北方股份、航天机电 V – log$N$ 图

（四）分形维

经验分析结果表明有 60% 的军工上市公司分形维在 1.5 以下，多处在 1.1 ~ 1.3 之间，反映大多数军工上市公司股票价格曲线比直线曲折，但是比随机游走平滑，具有状态持续性。

五、结果与讨论

本文在对中国军工上市公司的基本情况进行简略的大体分析后，重点对军工上市公司进行了分形分析，研究表明：

1. 军工上市公司资本市场的收益率不是完全呈现正态分布的，这不符合有效市场理论的假设前提，线性框架下的有效市场理论不适用于中国军工上市公司。

2. R/S 分析显示，大部分军工上市公司的 Hurst 指数均显著大于 0.5，这说明军工资本市场存在着持续性，即具有长期记忆的特征。当然，各个上市公司的情况不尽一致，这充分展示了个股的多样性。

3. 本文通过选取部分军工上市公司绘制 $\log(R/S)-\log(N)$ 和 $V-\log(N)$ 的坐标图，发现军工上市公司存在非周期循环现象，非周期循环预示着信息的作用时间长度，事实上，这个结论对军工投资者应该有着某种良好的启发，这种启发或许不能为投资者带来很高的收益，但在风险控制方面却可以起到相当的作用。

4. 军工上市公司有一小部分不符合分形市场假说，部分军工上市公司没有发现明显的非周期循环，但这并不表明这些军工上市公司是完全有效的市场。这可能是两个原因造成的：一是中国军工进入资本市场的时间还很短，还没有形成规范的运行机制，加之国家对股票市场有很强的监管力度，所以经验分析的结果可能还不是这部分军工上市公司自身规律的表现；二是由于数据的时间跨度不够。由于军工上市公司时间情况差别很大，我们还不能得到尽可能多的长周期时间序列的充分数据，所以对部分公司还不能发现非周期循环，这些需要随着时间的发展进一步补充数据进行更进一步的分段分析。

5. 军工作为国家的战略性产业受到国家的高度关注，所以，军工企业的上市就不可避免地融入了行政性的非市场因素，从而造成了所谓的“政策市”，使得市场的波动具有持续性。此外，信息公开的滞后和不真实性等也导致了市场有效性的降低。因此，如何提高军工资本市场的效率，充分发挥资本市场应有的融资功能，是一个重要的问题。在未来的军工上市公司的发展中，如何在国防安全与经济发展中找到有效的平衡和制度，弱化政策性因素的作用，提高投资者的投资水平就显得十分重要。

参考文献

［1］ Mandelbrot，B. B.，1982，The fractal geometry of nature：San Francisco：Freeman.

［2］ Philip . Mirowski，1990，From Mandelbrot to Chaos in economic theory：Southern Economic Journal，（57） 2：289 ~ 307.

［3］ Peters E. E.，1994，Fractal Market Analysis—Appling chaos theory to investment and economics：New York：John Willey & Sons.

［4］ Peters E. E.，1996，Chaos and Order in the capital markets.，New York：John Willey &Sons.

［5］ Zhuang Xin - tan，Huang Xiao - yuan，Sha Yan - li，2004，Research on the fractal structure in the Chinese stock market ：Physics A 333：pp. 293 ~ 305.

［6］ Edgar，E. Peters：《资本市场的混沌和秩序（第 3 版）》，经济科学出版社 1999 年版，第 54 ~ 95 页。

［7］ Edgar，E. Peters：《分形市场分析——将混沌理论运用到投资和经济理论》，经济科学出版社 2002 年版，第 51 ~ 62 页。

[8] 陈梦根：《股票价格分形特征的实证分析：修改的 R/S 分析》，《统计研究》2003 年第 4 期，第 57 ~ 61 页。

[9] 樊智、张世英：《随机分形与金融波动的市场机制》，《系统工程》2003 年第 21（1）期，第 38 ~ 42 页。

[10] 李红权、马超群：《风险的频度、累积性及与 Hurst 指数关系的研究》，《系统工程》2005 年第 23（2）期，第 82 ~ 84 页。

[11] 史永东：《上海证券市场的分形结构》，《预测》2000 年第 5 期。

[12] 徐龙炳、陆蓉：《R/S 分析探索中国股市的非线性》，《预测》1999 年第 2 期，第 59 ~ 62 页。

[13] 伍海华、李道叶：《股票市场系统动力学分析：以上海股票市场为例》，《当代经济科学》2001 年。

基于永续盘存法的中国武器装备存量测度[①]

闫仲勇　　陈波

Yan Zhongyong　Chen bo

（国防科学技术大学人文与社会科学学院　湖南长沙　410074；
中央财经大学国防经济与管理研究院　北京　100081）

内容提要： 永续盘存法是测度资本存量的常用方法，但是其在武器装备存量中的应用还处于起步阶段。在详细论述永续盘存法的基础之上，推导出测度武器装备存量的公式，利用推导出的公式对中国1978～2010年的武器装备存量进行了测度。结果表明，改革开放之后中国武器装备存量总体上呈现上升趋势，但武器装备存量的增长速度要落后于财政支出的增长速度，与财政支出的发展还不相适应。为了尽快实现中国武器装备的机械化、信息化的复合式发展，需要加大财政支出用于

① 此论文为国防科技大学与美国马里兰大学联合主办的军民融合与科技创新国际研讨会入选论文。

武器装备方面的投入，进一步提高武器装备的投资规模，实现武器装备和财政支出之间的协调发展。

关 键 词：武器装备存量　永续盘存法　折旧率

中图分类号：F063.3　　　　**文献标识码**：A

一、引　　言

武器装备存量是军队战斗力的重要组成部分，在一定程度上体现了一国的军事实力，它的高低直接影响和制约着军队战斗力的优劣，进而决定着战争的走向。充裕先进的武器装备不仅能够迅速取得战争的胜利，对外还可以形成威慑力量，对于维护国家的主权和领土完整具有十分重要的现实意义。充裕的武器装备还可以出口换汇，带动经济的发展。

海湾战争和伊拉克战争让中国看到了人民解放军和西方强国在武器装备方面的巨大差距，并认识到了高技术武器装备的重要性。那么，中国的武器装备到底有多少？其发展有何规律？能否为中国经济发展提供安全保障？对于这些问题的回答，需要对武器装备的存量进行较为准确的测度。目前有关武器装备存量测度的研究主要集中在制造（或购买）某一种（或几种）武器装备上的花费或简单描述某一种（或几种）武器装备的性能方面，这些研究无法衡量一个国家的武器装备总量。为此，本文试图采用永续盘存法对中国的武器装备存量进行测度，以便得到中国武器装备存量的总体水平。

全文共分为四个部分，除此部分外，第二部分着重介绍了测度武器装备存量的永续盘存法；第三部分在第二部分的基础上，对中国的武器装备存量进行了具体测度；第四部分给出了全文的结论，并进行了简短的讨论。

二、永续盘存法在武器装备存量测度中的应用

（一）永续盘存法的原理

永续盘存法是测度资本存量的一种重要方法，由戈德史密斯（Goldsmith）在1951年提出[1]，克里斯滕森（Christensen）和乔根森（Jorgenson，1973）将投资品价格和资本服务租赁价格概念引入到永续盘存法[2]，形成了资本存量与资本服务价格即数量与价格之间的对偶体系，扩展了永续盘存法的功能。克里斯滕森等（1980）在应用实践中对扩展后的方法进行了检验和完善[3]，使得扩展后的永续盘存法占据了资本存量核算的主流地位。以永续盘存法计算资本存量能够充分利用较长时期连续的、相对可靠的投资统计资料，并可以任意选用某一存量资料较为齐全的年份作为基期往前或往后逐年递推，因此得到广泛应用。经济合作与发展组织（Organization of Economic Co－operation and Development，OECD）国家就广泛采用永续盘存法作为估计资本存量的基本方法[4]。

以永续盘存法测度的武器装备存量（K）是过去所有以不变价计量的武器装备投资的加权和，权重是不同役龄（指正在使用的武器装备已经使用的年限时间）武器装备的相对效率。计算公式如下：

$$K(t) = \sum_{\tau=0}^{\infty} d(\tau) \times I(t-\tau) \tag{1}$$

$d(\tau)$是不同役龄武器装备的相对效率，即武器装备τ年前投资的权数，τ表示役龄；$I(t-\tau)$是τ年前以不变价表示的时间t时的武器装备的投资数。$d(\tau)$由其役龄τ决定，随着役龄的增加相对效

率是非增的，规定新武器装备的相对效率等于 1，任何武器装备最终都要退役或报废，此时它的相对效率降为零，即：$d(0)=1$，$d(\tau)-d(\tau-1)\leqslant 0(\tau=1,2,\cdots,L-1)$，$d(\tau)=0$（$\tau=\mathrm{L}$，$L+1$，$\cdots$），$L$ 为寿命期。

由于武器装备的相对效率随役龄增加而下降，要保持原有武器装备的效率，就必须进行重置。采用符号 $m(\tau)$ 表示役龄为 τ 年的武器装备效率损失的比率或重置比例，也称为死亡率（mortality），其值等于从役龄 $\tau-1$ 到役龄 τ 间效率的减少量，用公式表示如下：

$$m(\tau)=d(\tau-1)-d(\tau)=-[d(\tau)-d(\tau-1)](\tau=1,2\cdots,L) \tag{2}$$

引入重置率 $\delta(\tau)$（也称为重置分布），其表示役龄为 τ 年武器装备被重置的比例，是初始投资购置后第 τ 期为维持原有的武器装备存量需要重置的比例。如果在 $\tau+1$ 年前没有任何的武器装备，则 τ 年前购买的武器装备数量就是当年的武器装备存量，假定此后武器装备存量不再继续增加，历年的投资仅仅是为了保持当初的武器装备存量水平。重置率 $\delta(\tau)$ 可以利用以下公式更新递归地计算出来：

$$\delta(\tau)=m(1)\times\delta(\tau-1)+m(2)\times\delta(\tau-2)+\cdots+m(\tau)\times\delta(0),\quad(\tau=1,2,\cdots) \tag{3}$$

其中，$\delta(0)$ 可理解为当期需要购买武器装备的比例，其值为 1，进而可将（3）式改写为：

$$\delta(\tau)=\begin{cases} m(1)\delta(\tau-1)+m(2)\delta(\tau-2)+\cdots+m(\tau-1) \\ \delta(1)+m(\tau),(\tau=1,2,\cdots) \\ 1,(\tau=0) \end{cases} \tag{4}$$

同时引入重置需求 $R(t)$，$R(t)$ 定义为为保持原有的生产能力不变（或者说效率不变）而必须补偿的武器装备的数量，用公式可表示为：

$$R(t)=\sum_{\tau=1}^{\infty}m(\tau)\times I(t-\tau) \tag{5}$$

$R(t)$也可通过对（1）式做一阶差分得到：

$$K(t) - K(t-1) = I(t) - \sum_{\tau=1}^{\infty} m(\tau) \times I(t-\tau) = I(t) - R(t) \tag{6}$$

$$\text{所以}, R(t) = \sum_{\tau=1}^{\infty} m(\tau) \times I(t-\tau) = I(t) + K(t-1) - K(t) \tag{7}$$

利用重置分布 $\delta(\tau)$，$R(t)$还可以用过去武器装备存量的变化来表示：

$$R(t) = \sum_{\tau=1}^{\infty} \delta(\tau) \times [K(t-\tau) - K(t-\tau-1)] \tag{8}$$

（二）相对效率递减模式的选择

由（1）式可以看出，要想确定武器装备的存量，必须知道武器装备的相对效率 $d(\tau)$。相对效率递减的模式主要有三种：单驾马车模式、直线递减模式和几何递减模式。

1. 单驾马车模式。假设相对效率在寿命 L 内不变，即相对效率在役龄为 L 前保持为 1，在 L 期突然失效，在 L 期及以后各期相对效率变为零。其相对效率模式为：

$$d(\tau) = \begin{cases} 1, (\tau = 0, 1, \cdots, L-1) \\ 0, (\tau = L, L+1, \cdots) \end{cases} \tag{9}$$

由于 $m(\tau) = d(\tau-1) - d(\tau) = -[d(\tau) - d(\tau-1)]$，所以死亡率分布 $m(\tau)$为：

$$m(\tau) = \begin{cases} 1, (\tau = L) \\ 0, (\tau = 0, 1, \cdots L-1, L+1, L+2, \cdots) \end{cases} \tag{10}$$

重置率 $\delta(\tau)$服从周期为 L 的周期分布，也就是说在时期 L、$2L$ 等寿命 L 的整数倍时，$\delta(\tau)$为 1，在其他时期为 0：

$$\delta(\tau)=\begin{cases}1,(\tau=L,2L,\cdots)\\0,(\tau\text{ 为其他值})\end{cases}\tag{11}$$

由于重置需求 $R(t)=\sum_{\tau=1}^{\infty}\delta(t)\times[K(t-\tau)-K(t-\tau-1)]$，所以重置需求 $R(t)$ 与重置率 $\delta(\tau)$ 类似，将（11）式中的 $\delta(\tau)$ 值代入（8）式，得到重置需求的值：

$$R(t)=[K(t-L)-K(t-L-1)]+[K(t-2L)-K(t-2L-1)]\cdots\tag{12}$$

此时，将（12）式中的 $R(t)$ 代入（6）式，得到这种模式下武器装备存量的测度公式。即由 $K(t)-K(t-1)=I(t)-\sum_{\tau=1}^{\infty}m(\tau)\times I(t-\tau)=I(t)-R(t)$，得到

$$\begin{aligned}K(t)&=K(t-1)+I(t)-\sum_{\tau=1}^{\infty}m(\tau)\times I(t-\tau)-K(t-1)+I(t)-R(t)\\&=K(t-1)+I(t)-\{[K(t-L)-K(t-L-1)]+[K(t-2L)-K(t-2L-1)]\cdots\}\end{aligned}\tag{13}$$

2. 直线递减模式。如果相对效率分布如下：

$$d(\tau)=\begin{cases}1-\dfrac{\tau}{\theta L},(\tau=0,1,\cdots,L-1)\\0,(\tau=L,L+1,\cdots)\end{cases}\tag{14}$$

则称为线性递减模式，其中 L 为武器装备的寿命。特别地，当 $\theta=1$，则为直线递减模式，$\theta=\infty$ 时，为（0，1）模式。在实际应用中，直线递减模式应用较为广泛，下面主要阐述直线递减模式，其效率模式如下：

$$d(\tau)=\begin{cases}1-\dfrac{\tau}{L},(\tau=0,1,\cdots,L)\\0,(\tau=L+1,L+2,\cdots)\end{cases}\tag{15}$$

死亡率分布 $m(\tau)$ 在 $[1,L-1]$ 内为常数，在其他范围为 0：

$$m(\tau)=\begin{cases}\frac{1}{L},(\tau=1,2,\cdots,L)\\0,(\tau=L+1,L+2,\cdots)\end{cases} \tag{16}$$

重置率为：$\delta(\tau)=\frac{1}{L}\left(1+\frac{1}{L}\right)^{\tau-1},(\tau=1,2,\cdots,L)$　　(17)

重置需求：$R(t)=\frac{1}{L}\sum_{\tau=1}^{L}I(t-\tau)$　　(18)

将（18）式中的 $R(t)$ 代入（6）式，得到直线递减模式下武器装备存量的测度公式。即由 $K(t)-K(t-1)=I(t)-\sum_{\tau=1}^{\infty}m(\tau)\times I(t-\tau)=I(t)-R(t)$，得到

$$K(t)=K(t-1)+I(t)-\sum_{\tau=1}^{\infty}m(\tau)\times I(t-\tau)=K(t-1)+I(t)-R(t)$$
$$=K(t-1)+I(t)-\frac{1}{L}\sum_{\tau=1}^{L}I(t-\tau) \tag{19}$$

3. 几何递减模式。在几何递减模式下，设武器装备相对效率的递减速度为 $1-\delta$（δ 为武器装备的折旧率，$0<\delta<1$），相对效率可表示为 δ 的函数：

$$d(\tau)=(1-\delta)^{\tau},(\tau=0,1,\cdots) \tag{20}$$

死亡率分布：

$$m(\tau)=d(\tau-1)-d(\tau)=(1-\delta)^{\tau-1}-(1-\delta)^{\tau}=\delta(1-\delta)^{\tau-1}=\delta d(\tau-1),(\tau=1,2,\cdots) \tag{21}$$

重置率：$\delta(\tau)=\delta,(\tau=1,2,\cdots)$　　(22)

具体推导过程如下：

由于 $\delta(0)=1$，将其代入（3）式，得出 $\delta(1)=m(1)\delta(0)=\delta$，然后将 $\delta(0)=1$ 和 $\delta(1)=\delta$ 代入（3）式，得：$\delta(2)=m(1)\delta(1)+m(2)\delta(0)=\delta\times\delta+\delta(1-\delta)=\delta^2+\delta-\delta^2=\delta$。同理，可以得到 $\delta(3)=\delta(4)=\cdots=\delta$。可见在几何递减模式下，武器装备的重置率等于

折旧率，均为 δ。

将（21）式中的 $m(\tau)$ 代入（7）式，得到在几何递减模式下武器装备的重置需求：

$$R(t) = \sum_{\tau=1}^{\infty} m(\tau) \times I(t-\tau) = \sum_{\tau=1}^{\infty} \delta d(\tau-1) \times I(t-\tau) = \delta \sum_{\tau=1}^{\infty} d(\tau-1) \times I(t-\tau) \tag{23}$$

由 $K(t) = \sum_{\tau=0}^{\infty} d(\tau) \times I(t-\tau)$，可知，

$$K(t-1) = \sum_{\tau=0}^{\infty} d(\tau) \times I(t-\tau-1) = \sum_{\tau=1}^{\infty} d(\tau-1) \times I(t-\tau) \tag{24}$$

比较（23）式和（24）式，可得出在几何递减模式下资本的重置需求：

$$R(t) = \delta K(t-1) \tag{25}$$

将（25）式中的重置需求代入（6）式，得出几何递减模式下武器装备存量的测度公式：

$$K(t) = K(t-1) + I(t) - R(t) = I(t) + (1-\delta)K(t-1) \tag{26}$$

确定资本相对效率的模式是测度武器装备存量的关键。乔根森（Jorgenson）等（1987）认为在单驾马车模式和线性递减模式下，折旧率与重置率有着不同的意义，它们之间也不相等，利用折旧率来表示资本品的重置率，造成了资本投入估算的内在不一致性[5]。科恩（Coen，1980）[6]、赫尔滕（Hulten）和怀科夫（Wykoff，1981）[7]发现多数耐用品的相对效率服从几何递减模式或近似递减的模式。为此，本文采用几何递减模式对武器装备存量进行测度。

在几何递减模式下，测度武器装备存量的公式（26）可改写为：

$$WK(t) = \pi MS(t) + (1-\delta) WK(t-1) \tag{27}$$

$WK(t)$——t 年的武器装备存量；$MS(t)$——t 年的国防支出；π——国防支出中用于武器装备投资的比例；$\pi MS(t)$ 即为现价武器

装备投资；δ——武器装备的折旧率或重置率；$WK(t-1)$——上一年的武器装备存量。

（三）永续盘存法测度武器装备存量的步骤

通过以上分析可知，当相对效率为几何递减模式时，采用永续盘存法测度武器装备存量的步骤可分为五步：①确定基期武器装备存量；②确定现价武器装备投资；③确定武器装备投资价格指数，对现行价格的武器装备投资序列进行缩减以得到一个可比价格投资序列；④确定合适的重置率（折旧率）；⑤采用公式（27）计算出武器装备存量序列。相应地，使用永续盘存法测度武器装备存量需要确定四类信息：初始武器装备存量总额数据、该初始点之后历年武器装备投资额、武器装备价格指数、重置率或折旧率。

当相对效率采用单驾马车模式时，采用公式（13）计算武器装备存量；当相对效率采用直线递减模式时，需要利用公式（19）测量武器装备存量。采用永续盘存法测度武器装备存量的步骤可用图1表示：

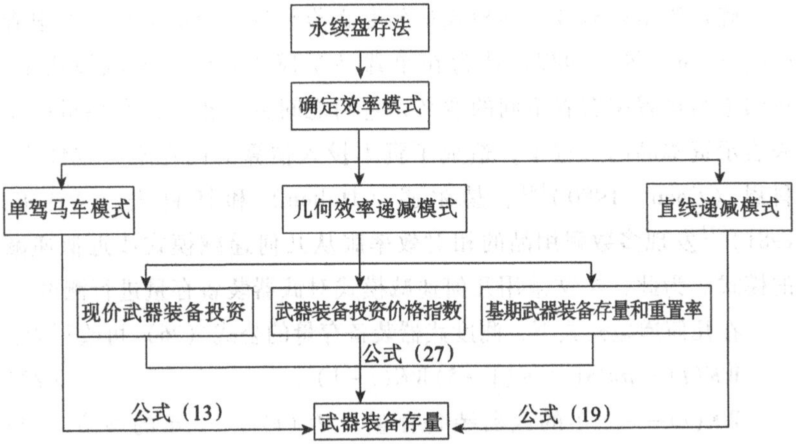

图1　永续盘存法测度武器装备存量的流程图

三、武器装备存量的测度

本文运用永续盘存法，在几何递减模式下，采用公式（27）针对中国的具体情况对数据等进行了修正，测度了中国 1978 ~ 2010 年的武器装备存量。

（一）测度武器装备存量所需数据

1. 基期武器装备存量：对于初始年份或基年的选择，本文将 1978 年定为初始年份。基期武器装备存量的数据采用莱因斯多夫（Reinsdorf）和科弗（Cover，2005）提出的模型进行计算。莱因斯多夫（Reinsdorf）和科弗（Cover，2005）提出了一种估算基期资本存量的模型[8]：$K_0 = I_0 \frac{g+1}{g+\delta}$，$I_0$ 为初始年份的投资，δ 表示折旧率，g 表示在初始年份之前平均投资增长率，他们同时证明了这种模型的合理性。本文 I_0 为 1978 年武器装备投资 55.94 亿元，δ 为武器装备的折旧率 10.5%（见下文推导）。由于无法获得 1978 年之前的武器装备投资的数据，本文 g 的取值采用 1978 ~ 2010 年武器装备投资的平均增长率 10%。将以上数据代入 $K_0 = I_0 \frac{g+1}{g+\delta}$，进而得到 1978 年的武器装备存量为 300.17 亿元。

2. 现价武器装备投资：目前，中国还没有专门统计武器装备投资的有关数据。武器装备投资主要来自国防支出，是国防支出的一部分。因此，要确定武器装备投资，只需要确定国防支出和国防支出中用于武器装备投资的比例 π。本文采用 1978 ~ 2010 年中国国防支出的官方数据，数据来自历年的《中国统计年鉴》，见表 2 第三列。在确定国防支出之后，还需要确定武器装备投资在国防支

出中所占的比例 π 以计算历年的武器装备投资。中国的国防支出包括人员生活费、活动维持费和装备费，本文所指的武器装备投资主要是国防支出中用于装备费的支出。为了得到装备费在国防支出中的比重，本文根据国务院发布的《中国的国防》等资料整理得到相关年份装备费比重（见表 1）。从表 1 可以看出，装备费占国防支出的比例比较稳定，中国每年大约有三分之一的国防支出用于武器装备的研发试验、采购维修、运输储存等。为此，本文假设国防支出中用于武器装备投资的比例 π 为 33.33%，进而得到 1978～2010 年中国的现价武器装备投资，见表 2 第四列。

表 1　　中国国防支出结构变化表

年份	人员生活费	活动维持费	装备费	人员生活费比重（%）	活动维持费比重（%）	装备费比重（%）
1994	187.74	188.45	174.52	34.09	34.22	31.69
1997	291.62	265.36	255.59	35.89	32.66	31.45
1998	322.7	298	314	34.52	31.88	33.59
1999	348.6	380.3	347.8	32.39	35.33	32.31
2000	405.5	412.74	389.3	33.58	34.18	32.24
2001	461.63	485.81	494.6	32.01	33.69	34.30
2002	540.43	581.23	572.78	31.65	34.03	33.54
2003	620.06	641.04	646.77	32.50	33.60	33.90
2005	831.59	806.83	836.54	33.60	32.60	33.80
2007	1200.15	1210.42	1144.34	33.76	34.05	32.19
2009	1685.28	1669.95	1595.87	34.04	33.73	32.23

注：人员生活费、活动维持费和装备费的单位为亿元。资料来源：根据国务院发布的《中国的国防》以及 1995 年的《中国的军备控制与裁军》整理得到。

表 2　　武器装备存量及相关数据表

年份	财政支出（亿元）	国防支出（亿元）	现价武器装备投资（亿元）	价格指数（1978 = 1）	不变价武器投资（亿元）	武器装备存量（亿元）
1978	1122.09	167.84	55.94	1.00	55.94	300.17
1979	1281.79	222.64	74.21	1.02	72.62	341.27
1980	1228.83	193.84	64.61	1.05	61.38	366.82
1981	1138.41	167.97	55.98	1.09	51.54	379.84
1982	1229.98	176.35	58.78	1.11	52.90	392.86
1983	1409.52	177.13	59.04	1.14	51.84	403.44
1984	1701.02	180.76	60.25	1.19	50.82	411.90
1985	2004.25	191.53	63.84	1.27	50.27	418.92
1986	2204.91	200.75	66.91	1.35	49.52	424.46
1987	2262.18	209.62	69.87	1.42	49.11	429.00
1988	2491.21	218.00	72.66	1.62	44.99	428.94
1989	2823.78	251.47	83.81	1.75	47.84	431.74
1990	3083.59	290.31	96.76	1.85	52.35	438.76
1991	3386.62	330.31	110.09	2.00	54.91	447.60
1992	3742.2	377.86	125.94	2.31	54.48	455.08
1993	4642.3	425.80	141.92	2.93	48.52	455.82
1994	5792.62	550.71	183.55	3.23	56.83	464.78
1995	6823.72	636.72	212.22	3.42	62.04	478.02
1996	7937.55	720.06	240.00	3.56	67.48	495.31
1997	9233.56	812.57	270.83	3.62	74.88	518.18
1998	10798.18	934.70	311.54	3.61	86.32	550.09
1999	13187.67	1076.40	358.76	3.59	99.80	592.13
2000	15886.5	1207.54	402.47	3.63	110.72	640.68
2001	18902.58	1442.04	480.63	3.65	131.72	705.12
2002	22053.15	1707.78	569.20	3.66	155.65	786.73
2003	24649.95	1907.87	635.89	3.74	170.15	874.27
2004	28486.89	2200.01	733.26	3.95	185.84	968.31
2005	33930.28	2474.96	824.90	4.01	205.82	1072.46
2006	40422.73	2979.38	993.03	4.07	244.10	1203.95
2007	49781.35	3554.91	1184.85	4.23	280.34	1357.88
2008	62592.66	4178.76	1392.78	4.60	302.56	1517.86
2009	76299.93	4951.10	1650.20	4.49	367.27	1725.76
2010	89874.16	5333.37	1777.61	4.65	381.88	1926.43

3. 价格指数：价格变动会导致武器装备投资价值不具有可比性，在采用永续盘存法时，需要利用价格指数将以当年价格表示的武器装备投资折算成以基年不变价格表示的实际值。由于资料的可获得性，武器装备投资价格指数一般借用固定资产投资价格指数。张军等人（2003，2004，2005）采用的固定资产投资价格指数和中国官方统计的数据比较接近[9-11]，并且他们的推导过程比较合理，因此，本文1978～1991年的固定资产投资价格指数采用张军等人计算出来的数据，1991年以后的数据直接采用《中国统计年鉴》上的数据，并将1978～2010年的固定资产投资价格指数调整为1978年不变价数据，见表2第五列。进而得到调整后的武器装备投资，见表2第六列。

4. 折旧率或重置率δ：在几何递减模式下，采用永续盘存法测算武器装备存量时，需要确定的一个重要指标就是折旧率或重置率。假设武器装备的寿命为L，初始价值为K，在寿命结束时残值为S，则残值率$s=\frac{S}{K}$，设武器装备价值以δ按照几何形式递减，则有：

$$\begin{aligned}K &= m(\tau)K+S=[m(1)+m(2)+\cdots+m(L-1)]K+S\\ &= m(1)K+m(2)K+\cdots+m(L-1)K+S\\ &= \delta K+\delta(1-\delta)K+\cdots+\delta(^{1}-\delta)L-1+S\\ &= \frac{\delta[1-(1-\delta)^{L}]}{1-(1-\delta)}K+S \qquad (28)\end{aligned}$$

由上式得出相对效率遵循几何递减模式时的折旧率：$\delta=1-s^{1/L}$。

可见，在几何递减模式下，只要确定了武器装备的寿命和报废时的残值率就能确定折旧率。李京文（1993）采用中国法定的3%～5%的残值率[12]，按照公式（28）计算出中国设备和建筑物的折旧率，他认为按照法定的残值率得到的几何折旧率的估计相当高，对此的解释是：国家总是试图在国有资产的寿命期内尽可能对其提取折旧，以便及时收回被折旧资产的原有价值。据此可以推断，法定的残值率要比经济折旧意义下的残值率低很多。李京文在对有效的经济折旧率的估算中，参考了《税制改革和资本形成》（Jorgenson，1993）中的相关数据，并推算出设备和建筑物的残值率分别为17%和40%。在资产寿命的设定方面，多数研究假定设备的寿命为16年左右，例如，乔根森（Jorgenson）认为通用工业机械设备和飞机的寿命均为16年，通信设备的寿命为15年[13]。黄勇峰、任若恩和刘晓生（2002）将设备寿命设定为16年[14]。本文结合国际惯例和中国的实际情况，设定中国武器装备的平均寿命为16年，残值率采用李京文推算出的数值17%，进而得到中国武器装备的折旧率为10.5%。

（二）武器装备存量的测度结果

首先，将国防支出的数据乘以武器装备投资比例33.33%得到1978～2010年中国当年价武器装备投资序列。然后，利用表2中的固定资产投资价格指数将当年价武器装备投资调整为1978年不变价数据。最后，将1978年基期武器装备存量300.17亿元和折旧率10.5%数据代入（27）式，得到中国1978～2010年的1978年不变价武器装备存量数据，见表2第七列和图2。

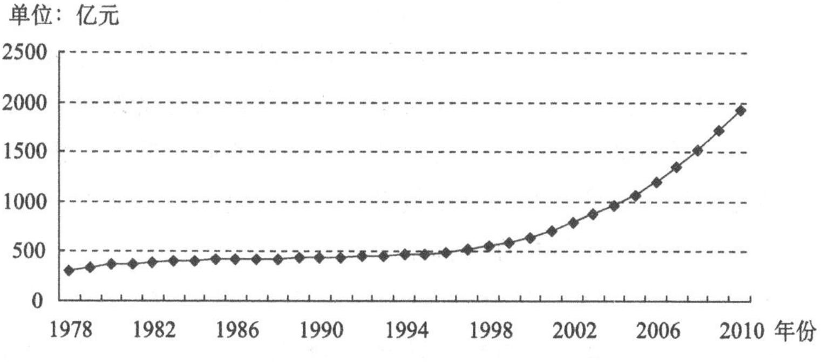

图2　中国武器装备存量变化趋势图

通过图 2 可以看出，中国武器装备存量总体上呈现上升趋势，其值由 1978 年的 300.17 亿元逐步上升到 2010 年的 1926.43 亿元，平均增长速度为 5.98%。中国武器装备存量的发展变化具体可分为两个阶段：第一阶段（1978～1995 年）的武器装备存量增长缓慢，由 1978 年的 300.17 亿元增长到 1995 年的 478.02 亿元，平均增长速度仅为 2.77%。这一阶段是中国改革开放的起步阶段，国防支出占财政支出的比重呈现逐年下降的趋势，但是这个比重仍然维持在较高水平，平均值为 11.3%。因此，这一时期武器装备存量（根据价格指数调整为当年价）占财政支出的比重呈现递减趋势，由 1978 年的 178.8%下降到 1995 年的 70.9%，降幅达到 108%。与国防支出占财政支出的比重具有类似的规律，这一时期武器装备存量占财政支出的比重虽然在下降，但这个比重仍然维持在较高水平，平均值为 162%。之所以会出现这种规律，主要有三个原因：第一，这一时期中国军队武器装备主要进行机械化建设，武器装备的成本相对较低，武器装备采办的投入较少，导致武器装备存量的增长速度要远远低于财政支出的增长速度（这一时期财政支出的平均增长速度为 12.7%）。因而，武器装备存量占财政支出的比重在逐年下降；第二，由于这一时期国家的工作中心在经济建设上，有限的财政支出主要用于经济建设，在经济建设上的支出是国防支出的 5.3 倍，用于武器装备投资的财政支出较少，导致了武器装备存量占财政支出比重的下降；第三，武器装备的改革伴随着经济改革，处于起步阶段，虽然武器装备存量占财政支出的比重在下降，但由于改革开放之前积累的武器装备存量较多，导致了这一时期武器装备存量占财政支出的比重维持在较高水平。

第二阶段（1996～2010 年）为高速增长阶段，在这 14 年内，中国武器装备存量由 1996 年的 495.31 亿元增长到 2010 年的 1926.43 亿元，平均增长速度高达 10.2%。虽然这个阶段武器装备存量的增长速度较快，但武器装备存量（根据价格指数调整为当年价）占财政支出的比重仍然呈现递减趋势，由1996年的66.2%下降到2010年的34.9%，只是下降幅度较小，仅有31.3%。并且这一时期武器装备存量占财政支出的比重较低，平均值仅为46.7%。这一时期我军武器装备要实现机械化和信息化的复合式发展，武器装备的投入成本较高，引起武器装备存量的增长速度加快，但武器装备存量的增长速度仍然要低于财政支出的增长速度（这一时期财政支出的平均增长速度为18.8%），导致第二阶段财政支出的基数远远高于武器装备存量的基数，并最终降低了武器装备存量占财政支出的比重。

总之，在第一阶段虽然武器装备存量的增长速度较低，且武器装备存量占财政支出的比重在下降，但这个比重的数值却很高；而第二阶段，虽然武器装备存量的增长速度较高，但武器装备存量占财政支出的比重仍然在下降，且这个比重的数值较低。

四、结　　论

本文借助测度资本存量的永续盘存法，推导出测度武器装备存量的公式，利用推导出的公式对中国1978～2010年的武器装备存量进行了初步测度。通过测度发现，中国武器装备存量总体上呈现上升趋势，平均增长速度为5.98%。具体可分为两个阶段：1978～1995年为第一阶段，这一阶段武器装备存量增长缓慢，为低速增长阶段，由1978年的300.17亿元增长到1995年的478.02亿元，平均增长速度仅为2.77%。这一阶段武器装备存量占财政支出的比重在下降，但这个比重的水平却很高。第二阶段从1996年到2010年，为高速增长阶段。在这14年内，中国武器装备存量由1996年的 495.31 亿元增长到 2010 年的 1926.43 亿元，平均增长速度高达 10.2%。虽然武器装备存量在这一时期的增长速度较高，但武器装备存量占财政支出的比重仍然在下降，且这个比重的数值较低。

与财政支出的增长速度相比，改革开放以来，中国武器装备的增长速度要远远低于财政支出的增长速度，与财政支出的发展还不相适应。世界上一些有影响的大国，在积极发展综合国力的同时，不断通过更新武器装备增强国防实力，以便在国际战略格局中处于更加有利的态势。即使一些并不富裕的中小国家，在积聚武器装备方面也不敢稍有懈怠，把增强国防实力作为提高综合国力的重要手段，以求在竞争激烈的国际社会中争得相应的地位。相比之下，中国的武器装备建设还存在着现代化水平与高技术战争不相适应的突出矛盾，国家可能提供的财力、物力还难以满足武器装备建设的客观需求。为了尽快实现中国武器装备的机械化、信息化的复合式发展，需要加大财政支出用于武器装备方面的投入，进一步提高武器装备的投资规模，实现武器装备和财政支出之间的协调发展。

参考文献

[1] Goldsmith, Raymond W. A Perpetual Inventory of National Wealth [M]. Studies in Income and Wealth: National of Economic Research, Chicago: University of Chicago Press, 1951.

[2] Christensen L. R., Jorgenson D W, Lau L J. TranscendentalLogarithmic Production Frontiers [J]. The Review of Economics and Statistics, 1973, (1): 28 ~45.

[3] Christiansen, Laurits R., Dianne Cummings, and Jorgenson, Dale W. Economic Growth, 1947 ~73: An International Comparison [M]. Studies in Income and Wealth: New Developments in Pro-

ductivity Measurement and Analysis, Chicago: University of Chicago Press, 1980.

[4] OECD (Organization of Economic Co - operation and Development). Measuring capital: Measurement of capital stocks, consumption of fixed capital and capital services (OECD Manual) [M]. Paris: OECD Publications Service, 2001a.

[5] Jorgenson, Dale W. Frank M. Gollop, and Barbara M. Fraumeni. Productivity and U. S. Economic Growth [M]. Cambridge: Harvard University Press, 1987.

[6] Coen, Robert. Depreciation, Profitsand Rates of Return in Manufacturing Industries [M]. In The Measurement of Capital, ed, Dan Usher, Chicago, IL: Rand. University of Chicago Press, 1980.

[7] Hulten, Charles R. Frank C. Wykoff. The Estimation of Economic Depreciation Using Vintage Asset Price: An Application of the Box - Cox Power Transformation [J]. Journal of Econometrics, 1981, (3): 367 ~396.

[8] Reinsdorf and Cover. Measurement of Capital Stocks, Consumption of Fixed Capital, and Capital Services [R]. Report on a Presentation to the Central American Ad Hoc Group on National Accounts, 2005.

[9] 张军、章元:《对中国资本存量 K 的再估计》,《经济研究》2003 年第 7 期,第 35 ~43 页。

[10] 张军、吴桂英、张吉鹏:《中国省际物质资本存量估算:1952 ~2000》,《经济研究》2004 年第 10 期,第 35 ~44 页。

[11] 张军:《资本形成、投资效率与中国的经济增长——实证研究》,清华大学出版社 2005 年版。

[12] 李京文等:《生产率与中美日经济增长》,中国社会科学

出版社 1993 年版。

[13] Jorgenson, D. W. Capital as a Factor of Production, in the Jorgenson Dale W. and Raulph Laudaued., Technology and Capital Formation [M]. The MIT Press, 1989.

[14] 黄勇峰、任若恩、刘晓生：《中国制造业资本存量永续盘存法估计》，《经济学季刊》2002 年第 1 期，第 377 ~ 396 页。

中国军事实力的周期波动研究
——一个基于 CF 滤波的研究①

闫仲勇
Yan Zhongyong

（国防科学技术大学与社会科学学院　湖南长沙　410074）

内容提要： 本文通过分析中国军事实力的周期波动，揭示了军事实力与经济实力之间的深层联系。本文利用象征军事实力的军事资本数据和象征经济实力的 GDP，采用 CF 滤波分解法，分解得到它们的周期性成分，并计算这些周期性成分的标准差、自相关系数以及它们之间的时差相关系数。在此基础上，分析了中国军事实力周期波动的经验特征，总结出中国军事实力周期波动的典型事实。研究发现，1954 年以来中国经济实力和军事实力的周期均为 7 次，并均表现出非对称性，军事实力相对于经济实力的周期波动而言是顺周期的，并且二者是同步的。

---

① 此论文已经发表在《现代经济信息》2014 年第 5 期。

关 键 词：经济实力　军事实力　周期波动　CF 滤波

中图分类号：F293.3　　　　**文献标识码**：A

一、周期波动的滤波分解方法

为了分析中国军事实力的发展规律，探究军事实力与经济实力周期波动之间的关系，本文运用序列分解的方法，对中国军事实力的周期性和 *GDP* 周期性进行比较分析。一个序列一般由长期时间趋势 T、季节波动 S、周期波动 C 以及不规则波动 I 组成，将 T、S 和 I 从序列中分离出来就得到了序列的周期成分，其中主要是剔除长期趋势。

滤波分解法借助了物理学中滤波器原理，序列中的趋势、周期和不规则成分分别对应谱中的低频、中频和高频成分，在滤去不规则波动部分和长期趋势部分后，剩余部分就是周期波动成分。最基本的滤波设计有低通滤波、高通滤波和带通滤波三种。其中，理想的低通滤波只允许低频波或信息通过，而消除高频信息；理想的高通滤波只允许高频波通过，而消除低频波；理想的带通滤波是将低频信息和高频信息过滤掉，只保留中间频率的信息。从计算关系看，带通滤波可以表示为两个低通滤波或两个高通滤波之差。在研究周期性中广泛使用的滤波技术主要有三种：HP 滤波、BK 滤波和 CF 滤波。

Hodrick－Prescott（HP）滤波是分析长期趋势的一种常用方法。HP 滤波的实质是过滤掉低频的趋势成分，保留高频的周期成分，是一种近似的理想低通滤波。设 $\{Y_t\}$ 是一个只包含趋势和波动成分的时间序列，令 $\{Y_t^T\}$ 表示其中的趋势成分，$\{Y_t^C\}$ 表示波动成分，那么，

$$Y_t = Y_t^T + Y_t^C, \qquad t = 1, 2, \cdots, T \tag{1}$$

HP 滤波主要是将 $\{Y_t^T\}$ 从 $\{Y_t\}$ 中分离出来。一般地，时间序列 $\{Y_t\}$ 中的 $\{Y_t^T\}$ 是不可观测的，常被定义为下面最小化问

题的解：

$$\min \sum_{t=1}^{T} \{(Y_t - Y_t^T)^2 + \lambda [c(L)Y_t^T]^2\} \tag{2}$$

其中：$c(L)$ 是延迟算子多项式：

$$c(L) = (L^{-1} - 1) - (1 - L) \tag{3}$$

将（3）式代入（2）式，则 HP 滤波就是使下面损失函数最小，即

$$\min\{\sum_{t=1}^{T} (Y_t - Y_t^T)^2 + \lambda \sum_{t=1}^{T} [(Y_{t+1}^T - Y_t^T) - (Y_t^T - Y_{t-1}^T)]^2\} \tag{4}$$

以上分析涉及权重问题，要在趋势要素对实际序列的跟踪程度和趋势光滑度之间作一个选择。$\lambda = 0$ 时，满足最小化问题的趋势等于序列 $\{Y_t\}$；当 λ 增加时，估计趋势中的变化总数相对于序列中的变化减少，即 λ 越大，估计趋势越光滑；λ 趋于无穷大时，估计趋势将接近线性函数。λ 的取值如下：

$$\lambda = \begin{cases} 100, \text{年度数据} \\ 1600, \text{季度数据} \\ 14400, \text{月度数据} \end{cases}$$

HP 滤波的潜在假定序列的周期波动具有对称性，即扩张期和收缩期的长度相等，这可能和现实中周期波动的非对称性相矛盾。同时肯（King，1993）等人指出，HP 分解的准确性会随序列时序特性的变化而变化①。

BK 滤波由巴克斯特（Baxter）和肯（King，1999）提出，是理想带通滤波的一种线性近似。它过滤掉低频的趋势成分和高频的不规则成分而保留了中间频率的周期成分。该方法实际上是一种对称的固定加权移动平均：

① King，R. G. and Rebelo，S. T. Transitional Dynamics and Economic Growth in the Neoclassical Model [J]. American Economic Review，1993，83 (4)：908 ~ 31.

$$Y_t^T = \sum_{i=-K}^{K} \xi_i Y_{t-i} \tag{5}$$

其中，权数 ξ 通过密度反应函数的逆傅立叶交换约束条件得到，K 表示截断长度，对于年度数据，K 一般取 3，对于季度数据，K 取 12。

BK 滤波对所有序列都采取固定周期区间的成分分离方法，假设滤波平稳并且对称。假设但现实中，序列的周期长度并不一定完全集中在 BK 滤波所设计的区间内，灵活性不够强，仍然没有完全克服 HP 滤波的缺点。

克里斯提诺（Christiano）和菲茨杰拉德（Fitzgerald，2003）提出了一种新的滤波——Christiano - Fitzgerald（CF）滤波。在过滤时，CF 滤波考虑目标序列的平稳性特征，有选择地使用滤波分解方式。若序列表现为一阶单整过程时，滤波计算采用下列公式：

$$Y_t^T = A_0 Y_t + A_1 Y_{t+1} + \cdots + A_{T-1-t} + \vec{A}_{T-1} Y_T + A_1 Y_{t-1} + \cdots + A_{t-2} + \vec{A}_{t-1} Y_1, t = 3, 4, \cdots, T-2 \tag{6}$$

$\vec{A}_{t-1}$ 为移动平均因子 A_i 的线性组合。若序列为平稳序列，需要预先确定时间序列的趋势形式，然后再作剔除分解。若实际序列为年度数据，样本期的最大值和最小值分别为 8 和 2，若实际序列为季度数据，样本期的最大和最小值分别为 32 和 6。同 HP 滤波和 BK 滤波相比，CF 滤波考虑了数据的时序特征，而放弃了滤波的平稳性和对称性假设，因而分解出的周期性成分更为客观、准确。

二、基于 CF 滤波分解的军事实力周期波动

在采用 CF 滤波分解之前，需要对各变量进行单位根检验，以

明确各变量是否包含长期趋势。本文采用 ADF 检验对各序列进行了单位根分析，结果见表 1（军事实力采用军事资本数据，用 *MI* 表示[①]，经济实力采用《新中国五十五年统计资料汇编》*GDP* 数据，并利用 *GDP* 平减指数将 1952 ~ 2005 年的 *GDP* 调整为 1952 年不变价）。

表 1　各序列的单位根检验

变量名	检验类型	ADF 检验		是否平稳
		数值	概率	
GDP	(*c*, *t*, 7)	2.23	1	不平稳
MI	(*c*, *t*, 1)	-1.34	0.867	不平稳

注：滞后阶数根据 SIC 原则选择。(*c*, *t*, *p*) 分别代表常数项、时间趋势项和滞后。

从以上分析结果看，各个序列存在单位根，很可能存在长期趋势，为此本文主要采用 CF 滤波对中国 *GDP* 和军事实力（*MI*）进行分解，进而得到各序列的周期成分，分解结果见表 2 和图 1。

表 2　CF 滤波分解结果（周期长度 2 ~ 8）　单位：亿元

年份	*GDP*		*MI*	
	趋势成分	周期成分	趋势成分	周期成分
1953	628.50	84.30	87.74	4.93
1954	740.56	-27.70	109.20	-10.40
1955	772.28	-63.55	118.27	-11.32
1956	741.34	-47.22	117.17	-3.73
1957	687.91	-1.53	112.30	6.13

① 军事资本的数据测度参考闫仲勇、陈波：《基于永续盘存法的国防实力测度与国际比较》，《世界经济与政治论坛》2011 年第 2 期，第 102 ~ 112 页。

续表

年份	GDP		MI	
	趋势成分	周期成分	趋势成分	周期成分
1958	654.54	38.46	110.62	10.92
1959	666.09	34.83	115.95	9.51
1960	719.61	-7.48	127.14	2.00
1961	788.88	31.57	139.21	-8.54
1962	840.58	-21.99	146.65	-13.68
1963	852.87	-55.65	147.02	-10.22
1964	826.51	-31.54	142.72	-0.39
1965	782.72	18.83	140.00	11.73
1966	749.79	38.06	145.51	19.18
1967	746.34	47.00	162.56	9.06
1968	770.94	32.75	189.15	-7.18
1969	803.91	-30.61	218.90	-14.06
1970	820.00	-67.34	244.51	-16.60
1971	804.28	-46.98	261.64	-6.01
1972	761.89	-4.34	271.16	6.36
1973	715.63	43.34	278.32	15.19
1974	692.71	67.89	289.46	15.26
1975	708.44	43.33	308.08	9.17
1976	756.40	-5.84	332.65	-6.41
1977	811.52	-52.96	357.53	-19.33
1978	844.52	-75.73	376.39	-21.94
1979	839.73	-43.40	386.18	-2.32
1980	805.71	20.52	389.15	11.96
1981	771.90	72.64	391.61	16.85

续表

年份	GDP		MI	
	趋势成分	周期成分	趋势成分	周期成分
1982	772.54	72.24	399.97	16.61
1983	826.64	29.56	416.43	6.83
1984	925.78	-26.40	437.06	-8.38
1985	1037.56	-48.88	453.58	-20.21
1986	1123.97	-93.22	458.26	-21.06
1987	1164.89	-82.34	449.12	-8.56
1988	1173.28	41.00	432.22	7.90
1989	1192.41	130.53	419.25	23.32
1990	1274.65	125.94	421.28	27.93
1991	1452.34	41.84	442.06	15.82
1992	1716.38	-107.26	474.72	-9.10
1993	2015.22	-176.89	504.62	-37.27
1994	2276.64	-72.94	517.31	-40.29
1995	2442.45	14.07	507.98	-18.39
1996	2498.09	108.26	486.91	19.46
1997	2480.80	139.21	477.07	51.81
1998	2460.06	97.16	503.91	61.57
1999	2498.80	0.02	581.45	26.85
2000	2614.40	-80.33	701.38	-44.01
2001	2760.23	-203.32	831.32	-101.27
2002	2839.25	-275.85	924.24	-107.44
2003	2745.54	-116.12	936.16	-24.45
2004	2415.19	394.26	844.47	167.40
2005	1862.42	1374.21	658.97	464.86

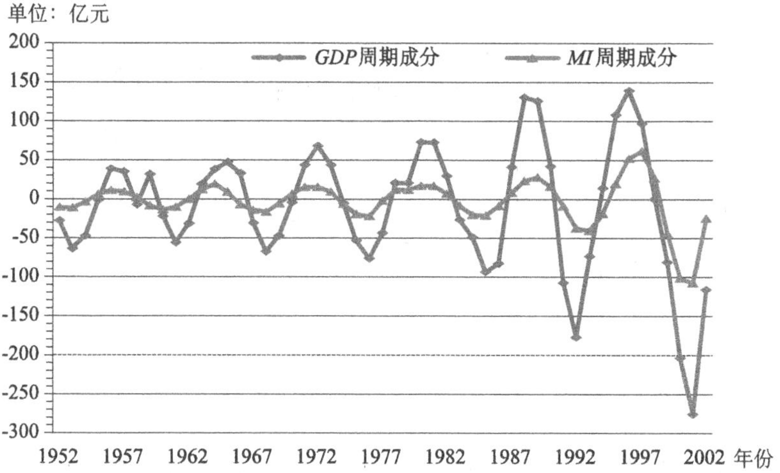

图 1　各变量的周期成分

图 1 显示，中国 *GDP* 分别在 1989 年和 1997 年出现了两次较大的谷峰，而在 1993 年和 2002 年出现两次较大的谷底。军事实力在 1998 年出现一次较大的谷峰，在 2002 年出现一次较大的谷底。根据图 1，本文采用谷—谷法对各序列进行了周期划分，结果见表 3。

表 3　各变量的周期划分和特征分析

变量	起止时间	持续期	上升持续期	回落持续期	上升期 - 回落期	均值	标准差	波幅
GDP	1954 ~ 1963	10	4	6	-2	-12.03	37.88	102.01
	1964 ~ 1970	7	4	3	1	1.02	43.86	114.34
	1971 ~ 1978	8	4	4	0	-3.91	52.16	143.62
	1979 ~ 1986	8	3	5	-2	-2.12	60.25	165.86
	1987 ~ 1993	7	3	4	-1	-3.88	119.58	307.42
	1994 ~ 2002	9	4	5	-1	-30.41	142.14	415.06
	2003 年至今							

续表

变量	起止时间	持续期	上升持续期	回落持续期	上升期－回落期	均值	标准差	波幅
MI	1954～1962	9	3	6	－3	－2.12	9.49	24.60
	1963～1970	8	4	4	0	－1.06	13.14	35.78
	1971～1978	8	4	4	0	－0.96	14.70	37.20
	1979～1986	8	3	5	－2	0.03	15.48	37.90
	1987～1994	8	4	4	0	－2.53	26.06	68.21
	1995～2002	8	4	4	0	－13.93	65.57	169.01
	2003 年至今							

从表 3 可以得出以下几点信息：（1）采用 CF 滤波分解法，得到 1954～2005 年间中国 *GDP*、军事实力的周期均为 7 次，平均周期为 8.2 年。（2）*GDP* 和军事实力的回落期均大于上升期，从而表现出非对称性。（3）*GDP* 和军事实力周期成分的标准差在不同周期，其值也不同，并且会随着周期的推进而递增。*GDP* 周期成分的标准差由 1954～1963 年的 37.88 上升到 1994～2002 年的 142.14，几何平均增长速度为 30.27%；军事实力周期成分的标准差由 1954～1962 年的 9.49 上升到 1995～2002 年的 65.57，几何平均增长速度为 47.18%。（4）从各序列周期成分的均值看，由于均值多数为负值，说明各序列向下的平均偏移量大于向上的偏移量，可以认为各序列在发展深度方面均表现出非对称性。

表 4 进一步分析了各序列周期波动间的关系。表 4 显示，采用 CF 滤波分解法得到的 *GDP* 和 *MI* 的周期成分的变异系数（不包括最初两年和最后两年的数据），数值分别为 －7.13 和 －7.61，说明各序列的周期波动程度大体相当。时差相关系数显示，在 $k=0$ 处，军事实力的周期成分与 *GDP* 周期成分为正相关，说明中国军事实力相对于 *GDP* 周期波动而言为顺周期的，而且顺周期关系相当显

著。同时显示，绝对值最大的军事实力周期成分的时差相关系数均出现在 $k=0$ 处，从而说明中国军事实力和 *GDP* 是同步的。

表 4　　*GDP* 和 *MI* 周期成分的相关统计量

变量	均值	标准差	变异系数	标准差比率	时差相关系数 $corr(x_t, y_{t+k})$				
					-2	-1	0	1	2
GDP 周期成分	-11.57	82.46	-7.13	1.00	0.04	0.69	1.00	0.46	-0.26
MI 周期成分	-3.82	29.10	-7.61	0.35	0.13	0.65	0.89	0.47	-0.19

注：（1）x_t代表 t 期 *MI* 的周期波动，y_{t+k}代表 $t+k$ 期 *GDP* 的周期波动，k 是时差期数。（2）舍去了最初两年和最后两年的数据。

三、结论和政策建议

本文利用象征军事实力的军事资本和代表经济实力的 *GDP*，采用 CF 滤波分解法，深入分析了军事实力的周期波动情况，并探讨了经济实力的周期波动和军事实力周期波动的关系，得到 1954～2005 年间中国 *GDP* 和军事实力的周期均为 7 次，平均周期为 8.2 年；*GDP* 和军事实力的回落期均大于上升期，从而表现出非对称性。中国军事实力的周期波动相对于 *GDP* 周期波动而言为顺周期的，而且顺周期关系相当显著，进而表明中国军事实力和 *GDP* 是同步的。

中国军事实力是随着经济实力的变化和中国的安全环境而呈现出周期波动，今后我们要遵循军事实力和经济实力的这种关系，在充分考虑中国经济承受力的情况下，逐步增强中国的军事实力，而不能盲目单目标地追求军事实力。

参考文献

[1] 闫仲勇、陈波：《基于永续盘存法的国防实力测度与国际比较》，《世界经济与政治论坛》2012 年第 2 期。

[2] 高铁梅：《计量经济分析方法与建模：EViews 应用及实例》，清华大学出版社 2006 年版。

[3] 刘树成：《论中国经济周期波动的新阶段》，《经济研究》1996 年第 11 期。

[4] 连平、吴金友：《中国经济周期波动研究（1978～2009 年）》，《世界经济研究》2011 年第 9 期。

[5] 刘金全、王大勇：《我国经济周期波动态势与经济增长趋势分析》，《数量经济技术经济研究》2003 年第 6 期。

[6] 刘金全、王雄威：《我国经济周期波动态势的区域划分与动态特征检验》，《经济与管理研究》2011 年第 6 期。

[7] 吕光明、齐鹰飞：《中国经济周期波动的典型化事实：一个基于 CF 滤波的研究》，《财经问题研究》2006 年第 7 期。

[8] 宁晓青、陈柏福：《中国经济周期波动与产业结构变动关系的实证分析》，《中央财经大学学报》2008 年第 1 期。

[9] 唐晓彬、向蓉美：《中国宏观经济周期波动的协动性与非对称性研究》，《统计与决策》2012 年第 6 期。

附录　中国国防建设大大滞后于经济建设：从国防资本存量占全国总量比看国防能力变化（1952～2001）[①]

胡鞍钢　　刘涛雄
Hu Angang　Liu Taoxiong

（清华大学公共管理学院　北京　1000085）

内容提要：本文采取国际通行的计算方法，在国内首次对1952年以来中国国防资本积累的变化轨迹进行了计算，并在数据分析的基础上认为：中国国防资本的积累大大滞后于经济的发展；当前中国国防体系分享经济增长的能力还十分低下；必须尽快提高国防体系分享经济增长的能力，特别是要提高国防费占财政收入和财政收入占GDP两个比例。

关 键 词：国防能力资本积累动态分析

① 本文系中国国情与国防能力研究课题之一。

《孙子》曰："兵者，国之大事，死生之地，存亡之道，不可不察也。"

军情是国情的重要内容，国防建设是经济建设的重要保障，国防实力是国家综合国力的重要组成部分。因此，研究国情需要研究军情，研究经济建设需要研究国防建设，研究国家综合国力需要研究国防实力。

一、本文关注的中心问题：我国国防建设大大滞后于经济建设

我们需要讨论的主要问题是：如何分析基本军情及其动态变化？如何判断国防建设与经济建设是协调发展还是不协调发展？用哪些指标来表征？采用何种方法来定量分析？又如何判断不同时期国家战略和国防战略的得失？怎样才能真正实行国防经济与经济建设协调发展，国防现代化和经济现代化同步进展？

10 年前王绍光、胡鞍钢首次研究认为国家汲取财政能力是最重要的国家能力。研究结果还表明，改革以来国家能力特别是国家汲取财政能力大幅度下降，已经产生极其严重的经济和政治后果。作者向中央建议取消对各地区实行的极不统一的财政包干制，实行统一的、规范的中央与地方分税制①。由于国防是典型的全国性公共产品，当时作者已经发现国家吸取财政能力的下降直接影响了中

① 见王绍光、胡鞍钢：《中国国家能力报告》，辽宁人民出版社 1993 年版。

国国防能力[1]的下降。从那时起我们一直关注中国国防建设和国防现代化问题。

研究中国资本存量是比较复杂的问题，许多学者进行了基于不同假定的定量估计。定量研究国防资本更是一个十分复杂的问题，缺少许多重要数据，在国际上的研究也很少，美国兰德公司的查尔斯·沃尔夫（Charles Wolf，Jr.）等人多次对包括中国、印度、韩国、中国台湾地区、美国等国防资本长期趋势进行过估算，如1995~2015年的变化趋势，他们的研究旨在为美国国防部提供战略分析[2]。一方面他们高估了中国国防资本实力，另一方面还缺乏对中国国防能力历史变化的具体分析。国内外研究大都集中在以对国防费流量的研究为主，对中国国防总资本存量及变化趋势国内尚无研究。

本文采取国际通行的经济核算中的资本积累模型方法，在国内首次估算了1952~2001年期间的中国国防资本存量以及占全国总资本（以下简称总资本）存量比重的变化曲线。研究结果表明：按1987年不变价格，这一时期中国国防费年平均增长率为3.2%，平均每21.9年翻一番，但是仅相当于全国GDP年平均增长率（6.9%）的一半，前者累计增长4.7倍，而后者累计增长26.4倍，这反映了国防费增长速度大大滞后于经济增长速度；中国国防资本存量年平均增长率为6.0%，平均每11.9年翻一番，大大落后于全国总资本存量年平均增长率（9.9%）的一半，前者累计增长11.4~15.4倍，而后者累计增长99.6倍，这反映了国防建设速度大大滞后于经济建设速度（见表1）。

50年来国防资本积累能力的变化过程反映了中国国防现代化进程，但是这一过程并不是一个“直线发展”模式，经历了比较复杂、反复起落的过程，不仅受到国际环境的外部影响，还受到国家

① 关于国防能力的界定及衡量问题，我们将进行另外的专题研究。

② 见Charles Wolf，Jr，1988，1999，2002。

表 1　　GDP、国防费等年平均增长率　　单位：%

时期	GDP	国防费	总资本	国防资本 1	国防资本 2
1952～1978	5.0	2.3	10.3	9.2	9.2
1978～2001	9.5	4.2	9.6	2.4	2.2
1952～2001	7.1	3.2	9.9	6.0	5.9

数据来源：见附表 1 和附表 2。

战略和国防战略不断调整的内部影响①。根据国防总资本占全国总资本存量的比重曲线可以把这一过程划分为五个阶段：第一阶段为 20 世纪 50 年代初期（1950～1955 年），可称之为国防资本积累扩张期或迅速上升期，实行以保卫新生政权、抗美援朝为中心的强化国防能力战略；第二个时期（1956～1961 年）可称之为战略转变期，全国经济由战时经济转向全面经济建设时期，国防战略也转向防御外部侵略和保卫祖国，这是国防资本积累收缩期或迅速下降期，军队先后进行四次大裁军，总人数由新中国成立初期的 550 万人减少到 1960 年前后的 240 万人；第三阶段为 1962～1979 年，先是实行“对付四面八方”国防战略方针，后是实行“抗击苏联全面入侵”国防战略方针，国防资本积累占全国总资本比重相对稳定、后略有下降期；第四阶段为 1980～1997 年，既是大的战略调整期也是国防资本积累收缩和下降期，国防战略指导思想发生根本性转变，即“和平发展论”和“服从大局论”，“和平与发展是当代主题”，“国防建设要服从全国经济建设大局”，表现为国防资本占总资本的比重、国防支出占 GDP 比重两个比重持续下降；第五阶段为 1998 年以后，可称之为恢复期，国防支出占 GDP 比重开始上升，但是国防资本占总资本比重已经处在历史最低点。这表明经济高增长并不必然会带来国防建设的迅速发展，经济现代化并不自动带动国防现代化。

---

① 解放军军事科学院黄建国提供了研究背景。

二、本文的分析框架与方法

我们认为最重要的国防能力是国防的资本积累能力。资本的积累和扩张就是生产能力的积累和扩展。在经济发展越来越依赖于物质资本和智力资本积累的现代社会，国防产出也在很大程度上决定于国防资本的积累。我们可以用经济学的分析方法来分析国防的资本积累能力。

（一）资本积累模型

本文对中国全国总资本和国防资本的计算采取的是经济核算中通行的资本积累模型，即当期资本总量 = 上期资本总量 - 折旧 + 当期资本增量。基本公式如下：

$$K_t = K_{t-1} \times (1 - r_1) + I_t$$
$$MC_t = MC_{t-1} \times (1 - r_2) + ME_t \times s \qquad (1)$$

式中 K_t，MC_t 分别为 t 期全国总资本、国防资本存量[①]；r_1 全国总资本折旧率，r_2 为国防资本折旧率；I_t 为当 t 期总资本投资，ME_t 为 t 期国防费；s 为国防费中资本品投资的比重。计算中涉及几个假定，说明如下：

1. 关于国防费估计。国防费包括武器装备采购费、基本建设费、研究与开发费、人事费、教育培训训练费。国内外对中国国防费支出的估计一直有很大的差异，如每年国家统计局公布中国国防费支出；几乎所有的西方国家对中国国防费的估计都高于中国官方数据，斯德哥尔摩国际和平研究所（SIPRI）所估计的中国国防费比中国官方数据高出 60% ~80%；美国军备控制与裁军署（ACDA）

① 本文所有数据均不包括中国港澳台地区。

的估计则相当于中国官方数据的 7.6 倍①。这里我们作两组数据计算，第一组是按国家统计局公布中国国防费支出，不考虑其他收入或其他支出；第二组适当考虑名义国防费之外的其他来源②，如允许军队经商的收入、用于武器装备专项对外采购费、部分非军队的国防研究与开发费。由此假定 1985 年以前及 1998 年以后其他来源为官方名义国防费的 30%，1985 年到 1997 年从 30% 递增到 50%。按两种方案分别计算的结果相当于国防费的下限和上限。

2. 关于国防费中资本投资率估计。这里国防资本品是指武器装备采购费、基本建设费、研究与开发费。因此国防资本品既有物质资本投资，又有知识技术投资。我们假定国防费中 30% 为资本品投资，即 s 为 30%。这与 Charles Wolf, Jr. 等人的假定基本一致③

3. 关于起点年总资本与国防资本存量的估计。本文以 1952 年为初始起点年，我们估计 1952 年全国总资本存量为 320 亿元（当年价）④，其中 15% 为国防资本。由于计算时期为 49 年，初始起点

① 见陈炳福：《西方国家对中国国防支出的测算：差异与问题》，《中国国防经济》2003 年第 1 期，第 54 ~ 58 页。

② 见 Shaoguang Wang, The Military Expenditure of China, 1989 ~ 98, 1999. 王的估算认为中国的实际军费是官方国防开支 1.7 ~ 1.8 倍。但考虑到，中国军费总体上一直处于紧张状态，我们认为，官方国防费以外的开支部分相当一步分是用于人头费，以及军工企业进行非国防用品的生产。而在此我们对国防费资本投资率采取的是相对较高的 30% 的标准，因此在国防投入中官方值以外的收入比例上采取得适当保守的数字。

③ 见 Asian Economic Trends and Their Security Implications, Charles Wolf, Jr., RAND, 2002。根据 Wolf 的计算，20 世纪 80 ~ 90 年代美国、日本、印度等国的这一比例大体在 20% ~ 25% 之间，而他对中国采取的是 30%，可见这是一个相对较高的比例。

④ 见，Chow, G., 1993, "Capital Formation and Economic Growth in China", Quarterly Journal of Economiec CVIII, 809 ~ 842。Chow 认为，不考虑农业资本，中国 1952 年的总资本存量为 315.6 亿元（当年价），其中工业资本为 158.8 元。另见郭庆、胡鞍钢：《中国工业化问题初探》，中国科学技术出版社 1991 年版，第 110 ~ 112 页。1952 年中国工业固定资产原值为 149.2 亿元，到 1978 年为 3478 亿元。见《中国统计年鉴 1988》。此处我们假定 1952 年全国总资本存量为 320 亿元。

年的资本存量对后来的计算结果影响不大。

4. 关于国防资本折旧率处理。全国总资本折旧率从 1952 年开始至 2001 年从 4% 线性递增至 6%；国防资本折旧率同期从 4% 递增至 8%。这是因为国防部门属于资本密集型和技术密集型部门所以折旧率应高于全国平均折旧率，这与 Charles Wolf, Jr. 等人的假定也是基本一致的[①]。

本文的主要数据来源是历年的《中国统计年鉴》，但在有关换算的价格指数上采取了麦迪森在《中国经济的长远未来》（新华出版社 1999 年版）中的按 1987 年不变价的计算方法，不同于《中国统计年鉴》中按可比价格算出的价格指数。在总资本存量计算中，对历年投资额按国际通行的做法扣除了住宅投资。详细情况在有关图表中注明。

（二）资本积累的动态变化

可以用 *MC*（不变价）和 *MC/K* 来刻画 50 年中国国防资本的动态变化，分别反映其绝对数量和相对数量的变化。国防总资本直接反映了国防产出能力，国防资本占全国总资本的比例反映了在一国总生产中国防的相对产出能力。

（三）国防资本积累能力与 MC - K 增长弹性

如何衡量国防资本的积累能力？国防投入来源社会创造的总财富，国防资本的积累能力实际上取决于国防系统分享经济发展成果的能力。因此可以用国防资本对总资本的增长弹性来反映国防的资本积累能力。

---

① 见 Asian Economic Trends and Their Security Implications, Charles Wolf, Jr., RAND, 2002。

假定 MC 是 K 的函数，用对数线性关系来拟合有：

$$\ln MC = C + \beta \ln K \tag{2}$$

其中，β 为国防资本对总资本的增长弹性，β 的大小直接影响国防资本占总资本比重的变化趋势，反映了一国在经济发展和社会总资本积累过程中关于国防资本积累的总的制度安排。有如下三种情况：

（1）$\beta=1$，即国防资本与总资本同步增长，国防资本占总资本的比例保持不变，可以说该国国防资本积累处于同步期或平稳期。

（2）$\beta>1$，即国防资本的增长快于总资本的增长，国防资本占总资本的比例呈升高趋势，可以说该国国防资本积累处于扩张期或上升期。

（3）$\beta<1$，即国防资本的增长慢于总资本的增长，国防资本占总资本的比例呈下降趋势，可以说该国国防资本积累处于收缩期或下降期。

三、国防资本动态变化过程

（一）50 年来中国国防费流量（Met）的变化

从图 1 可以看出，按不变价格（1987 年 RMB）计算的中国实际国防费（不含其他收入）有明显的波动，先后经历了 50 年代初至 70 年代初、70 年代、80 年代至今三个先下降后上升的比较明显的波动周期。值得注意的是，从 70 年代末期至 80 年代末期，我国经济高速发展的同时，国防费的绝对数额处于下降时期。

国防费的波动，既可能是一国的经济水平、财政状况的波动造成的，也可能是因为国家安全形势变化、决策的随意性等多种因素

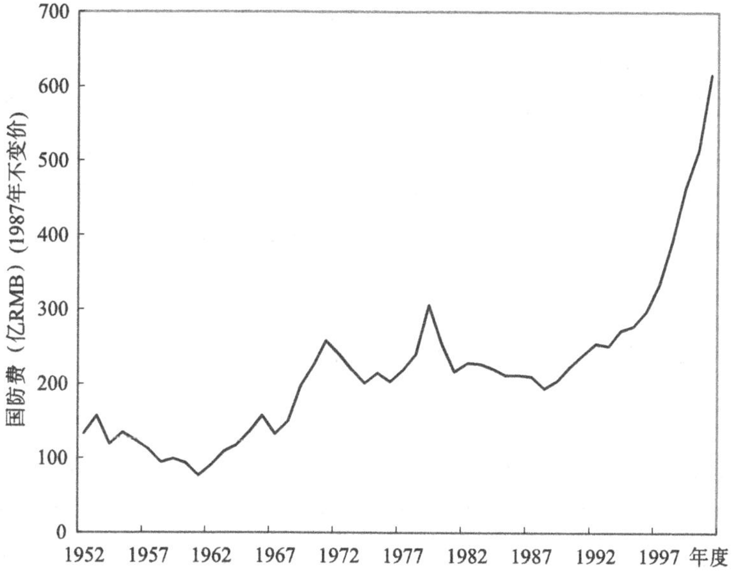

图 1　国防费

数据来源：同表 2。

造成的。我们可以计算各阶段国防费、GDP 及财政支出增长的波动系数（见表 2）。

表 2　　国防经费、GDP 和财政支出增长率波动系数

时期	ME 增长率波动系数	GDP 增长率波动系数	FO 增长率波动系数
1955 ~ 1961	-1.371	9.698	11.668
1962 ~ 1979	1.563	0.910	2.200
1980 ~ 1997	16.961	0.322	1.557
1998 ~ 2001			
1952 ~ 2001	3.937	0.951	2.410

注：波动系数的计算采取的是对数差分法，即波动系数 = 样本标准差/均值（对数增长率）

数据来源：见附表 1 和附表 2。

从表2可以看出，20世纪60年代以后至今，以及整个50年过程中国防费的波动系数明显高于GDP的波动系数，甚至高于中央财政支出的波动系数。国防费波动的原因可能来自于政治意愿改变和安全形势变化两个方面。在国家安全形势相对于其他阶段总体上比较稳定的1980~1997年，ME的波动系数仍然大大高于GDP和FO的波动系数，这反映了中国国防投入决策机制缺乏稳定性，有很大的随意性和随机性。

（二）资本存量MCt的动态变化

由图2可见，自1952年以来，中国国防资本的增长经历了快速和慢速交替变化的周期。其中比较明显的阶段有：50年代初期至50年代中后期为较快增长期；50年代后期至60年代中期为较慢增长期；60年代中期至70年代末又进入一个较快增长期；随后，80年代又进入一个增长基本停滞的水平期；90年代至今，进入新的一轮增长期。从图1可以看出，按照不同的折旧率和国防费不同来源而采取的两种方案分别计算的结果，虽然在绝对值上有所区别，但在波动趋势上基本一致。

（三）国防资本占全国总资本存量比重的动态变化

由图3可以看出50年来国防总资本占全国总资本存量的比重的变化过程。1953年这一比重为21.0%，然后经历一个短暂的上升时期，1955年曾达到25.4%，而后迅速下降，1960年为15.2%，基本保持平稳，1972年为14.8%，又开始下降，70年代末为10.9%，但很快又进入了迅速下降时期，1989年降至为5.6%，约比1979年下降了一半；90年代仍持续下降，到2001年降至为2.3%。纵观这50年，国防实力和整个国家的经济实力的相对格局发生了巨大的变化，国防资本占全国总资本的比重从50年

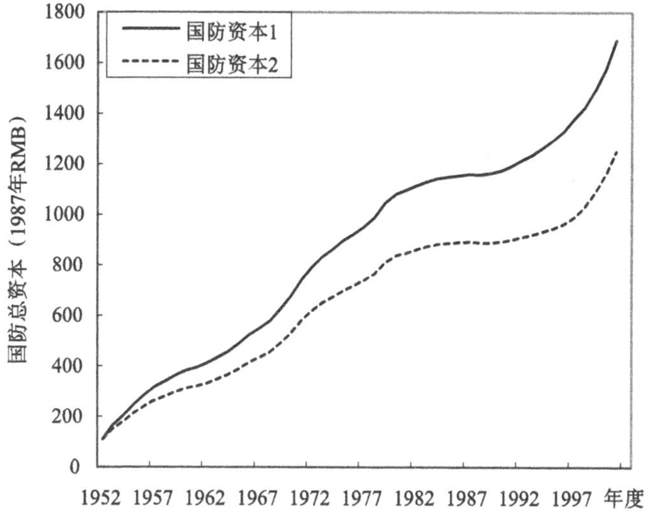

图2　中国国防资本存量（1952～2001）

注：国防资本1：按前述假定考虑其他收入。以下未注明的国防资本均指本计算结果。

国防资本2：不考虑其他收入。

数据来源：附表2。

代初期的20%～30%先是下降至70年代末期的10%左右，后20多年又降至2001年的2.3%。这一结果反映了“国强”但“军弱”的强烈反差。

从图3还可以看出，上述变化是和国防支出占GDP比重的变化一致的，正是由于后者的不断减少才造成了前者的滞后性的持续下降。

由此可见，经济发展并不必然就会带来国防实力的提高。改革开放以来中国经济增长的速度有目共睹，但国防资本的增加大大落后于经济增长的步伐，国防费占GDP的比重经历长达10多年的连续下降（或基本不变），以至于整个80年代，在经济高速增长的同时，国防资本总量竟然基本没有什么增加。

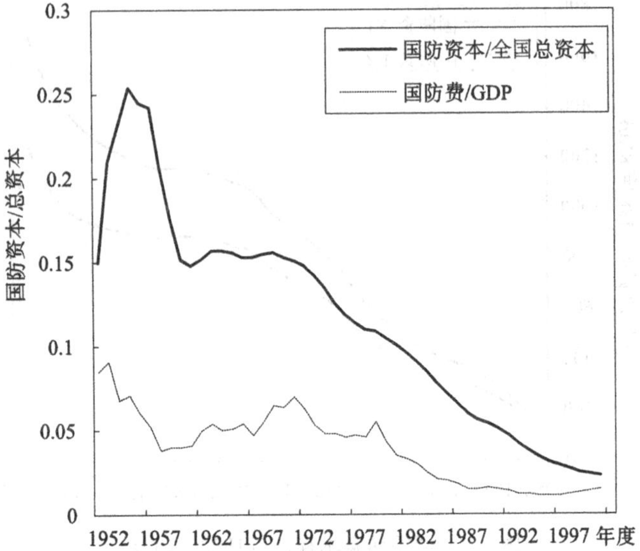

图 3　国防资本/全国总资本（1952～2001）

数据来源：附表 3。

四、国防资本积累动态分析

根据国防资本绝对数量和相对数量 50 年来的变化特点，我们将这一过程大体划分为四个阶段，并根据（2）式，计算各个阶段的国防资本对全国总资本的增长弹性如下（见表 3）。

表 3　国防资本对全国总资本增长弹性

时期	1954～1962	1962～1979	1979～1997	1997～2001
增长弹性系数	0.509	0.733	0.139	0.492
国防资本/全国总资本年均下降速度（log）	0.064	0.020	0.076	0.045

可见，不同阶段国防资本对全国总资本比重的变化正是由于不同的增长弹性造成的。50年来中国国防资本对全国总资本的增长弹性总体上都处于较低弹性范围（明显小于1），属于国防收缩下降型。相对来讲又经历了低弹性、较高弹性、更低弹性和较高弹性的交替变化过程。

第一阶段为1954～1962年，可称之为战略转变期（或调整期）。这一阶段的主要特征有：国防资本对全国总资本的增长弹性处于0.5左右；国防资本占全国总资本比例稳步下降；国防费绝对数（1987不变价，下同）总体上也处于下降阶段，国防费占GDP的比重从1953年的高达9%逐步下降至4%左右。这说明这一阶段中国正处于从新中国成立初以国防建设为主导的国家战略向以经济建设为主导的国家战略转变的过程中。

第二阶段为1960～1979年，可称之为平台期。这一阶段的主要特点有：国防资本对全国总资本的增长弹性相对较高，在0.7以上；国防资本占总资本的比例比较稳定；国防费总体上呈上升趋势，但波动剧烈，且除了1971年之外，各年国防费占GDP的比重在4%～6.5%的区间内波动。

第三阶段为1980～1997年，可称之为忍让期。这一期间的特点是：国防资本对全国总资本的增长弹性降到了一个最低水平仅为0.139；国防资本占全国总资本比例持续下降，约下降了6个百分点；国防费占GDP比重逐年下降，约下降了4.4个百分点；国防费绝对数先下降后上升；国防费占中央财政的比例下降至新中国成立以来的最低谷，约下降了8.6个百分点。可见这一期间虽然是中国经济增长的黄金时期，但是国防发展严重滞后于经济发展（见图4、图5、图6）。

第四阶段为1998年以后，可称之为恢复期。这一阶段的特点有：国防资本对全国总资本的增长弹性较前一阶段有明显提高，达

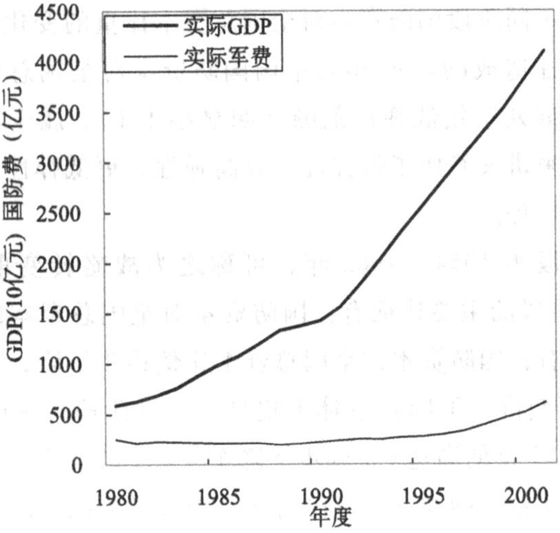

图 4 GDP 与国防费（1987 年不变价）

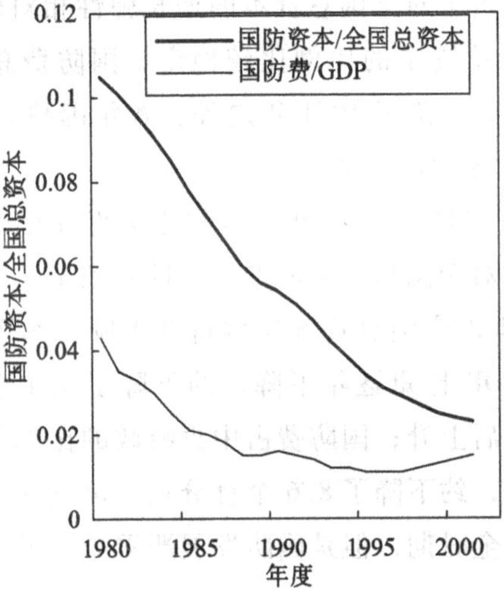

图 5 国防资本/全国总资本

数据来源：图 4 来自于附表 1，附表 2，数据来源：图 5 来自于附表 3。

到 0.492；国防资本占总资本的比重降速趋缓，减少了 0.4 个百分点；国防费的绝对额处于上升阶段；国防费占 GDP 的比重有所上升，约提高了 0.4 个百分点。需要指出的是，虽然我们将这段时期称为恢复期，但这种恢复基础是不牢固的、低水平的。因为从图 6 中可以看出，直到 2001 年国防费占中央财政的比重仍然维持在新中国成立以来的最低水平 9% 左右，国防费占 GDP 比重的提高是因为中央财政收入占 GDP 比重的提高而拉动的，并没有足够的理由说明国家从战略上进入了国防扩张时期。

由图 6 还可以看出，国防费占 GDP 的比重和中央财政收入占 GDP 的比重有明显的相关性。可见，国防投入明显受中央财政收入的制约。特别是改革开放以来，与国防费占 GDP 比重连续下降相对应的是中央财政收入占 GDP 的比重从 1978 的 31% 下降到 1995 年的 10.7%。然后财政收入占 GDP 的比重开始上升，也带动了国防费的回升。

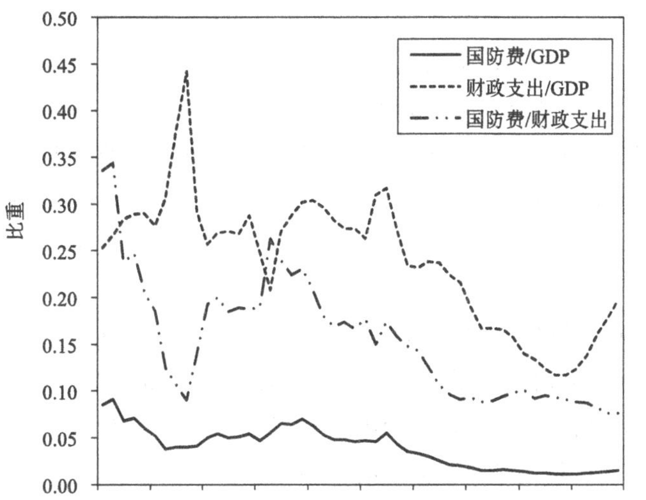

图 6　国防费、财政支出与 GDP 之间的比重

数据来源：附表 3。

五、主要结论：两个建设由“不协调发展”转向“协调发展”

本文首次采用了经济核算中通行的资本积累模型估计 1952～2001 年中国国防资本存量以及占全国总资本存量比重，这对认识中国基本军情和国防实力提供了极其重要的信息，也对不同时期国家战略和国防战略对国防费变化现期的影响，特别是对国防资本存量的滞后性、积累性影响提供了客观评价的分析依据。由于计算国防资本存量是十分困难的研究，我们不得不做了许多假设，例如，给定了国防资本存量初期（1952 年），给定了即期国防投资占国防费比例，给定了国防资产的折旧率。这些假设在一定程度上影响了本文对国防资本存量绝对数计算结果，但是并不影响我们对国防资本存量占全国资本存量比重相对数变化趋势的分析，我们更关心这一比重是否上升或下降，如果是下降，哪些因素是客观因素（如国防资本的折旧率大小，这是反映国防部门特殊性的重要指标，是资本和技术要素高度密集的部门），哪些因素是主观因素（如国防费占 GDP 比重，这是反映国防战略意图的重要指标）。本文的主要结论是：

改革开放以来中国经济实力发生了根本性的变化，但是国防实力并没有发生相应的增长。这可以从流量和存量两个方面来比较。从流量角度看，我们比较 GDP 和国防费，按不变价格计算，2002 年中国 GDP 相当于 1978 年的 8.56 倍，年平均增长率为 9.4%；2002 年中国国防费相当于 1978 年的 2.88 倍，年平均增长率为 4.2%，比 GDP 增长率低了 5.2 个百分点左右。这并不像人们通常所说的那样，经济增长就会自动导致国防费增长，或者“GDP 蛋糕”变大之后，“国防蛋糕”也相应变大。

从存量角度看，我们比较全国总资本存量和国防资本存量，2001年全国总资本存量相当于1978年的8.14倍，年平均增长率为9.6%，2001年国防资本相当于1978年的1.71倍（方案1）和1.63倍（方案2），年平均增长率分别为2.4%和2.2%，比全国总资本存量增长率小7个百分点以上（见表1）。这并不像人们通常所想象的那样，经济建设加快就会必然促进国防建设加快，或者“全国蛋糕”越来越大，“军队蛋糕”也相应做大。

影响国防资产存量增长率与全国总资本存量增长率相对关系与两个因素有关：一是国防资产的折旧率的高低。由于国防资产的折旧率应高于全社会资产折旧率，即使国防投资增长率等于全社会投资增长率，国防资产存量增长率也会低于全社会资产存量增长率。我们估计折旧率因素的作用在20%以下。二是国防费增长率的大小。由于国防费增长率低于GDP增长率，不仅影响当年国防投资增长，而且随着时间变化产生积累性效应。我们估计这一因素的作用占80%以上。这表明无论是从流量还是从存量来看，国防发展大大滞后于经济发展，国防实力增长大大低于经济实力增长。经济的快速增长并不必然会带来国防的迅速发展，经济实力的大幅度增加并不必然使国防实力相应增加，尽管经济实力是国防实力的基础。

可以认为，过去20多年是中国经济发展最快的时期，中国与美国的经济总量（指按1990年国际美元价格计算）的相对差距，由1978年的4.4倍缩小为1998年的1.9倍[①]；也是中国综合国力大跃迁的时期，中国与美国的综合国力的相对差距由1980年的5

① Angus Maddison, 2001, The World Economy: A Millennial Perspective OECD, Table B-20。

倍缩小为 1998 年的 3 倍，但是这一时期正是国防发展和经济发展极其不协调的时期，突出表现为中国国防费占 GDP、国防资本占全国总资本两个比例持续下降，它的严重后果是大大延缓了中国国防现代化的进程，极大地削弱了中国国防能力，与美国国防能力的相对差距不是在缩小而可能是在持续扩大。这也是我们既不能在国际上始终坚持“反对霸权主义、反对强权主义”，又不能有效制止台湾独立趋势发展和迟迟不能实现祖国统一大业的战略目标的根本原因。

最后需要指出的是，1998 年以来国防费占 GDP 比重下降趋势得到根本扭转，出现了上升趋势，开始进入国防费补偿期和国防建设恢复期，但是这种补偿仍然是低水平的，恢复的基础还是不稳固的，国防资本占全国总资本的比重还在呈惯性下降并处在新中国成立以来的最低水平，提高这一比重还相当困难，也需要相对长的时间。本文的分析的政策含义是，中国国防建设与经济建设的关系应当由“不协调期”转向“协调期”，军队与国家的关系应当由“忍耐期”转向“补偿期”，国家对国防的投资应当由“弱化期”转向“强化期”，即大幅度提高国防能力，其重要目标是提高“两个比重”，即国防费占 GDP 比重和国防资本投资占全社会投资比重，以保证国防实力和经济实力协调、同步增长。与此同时，国家支持和创造条件使军队能够充分利用全社会总资本存量能力，特别是有效利用国家投资兴建的各类基础设施（如航空港、沿海港口、电信基础设施和城市基础设施等）。

附表 1　　　　中国总资本的估算

年度	名义 GDP（当年 RMB 亿元）	缩减指数	实际 GDP（1987 年 RMB 亿元）	实际投资（1987 年 RMB 亿元）	总资本（1987 年 RMB 亿元）
1952	679.0	0.44	1555.5	49.67	733.07
1953	824.0	0.48	1708.3	90.76	794.51
1954	859.0	0.49	1749.9	123.86	886.25
1955	910.0	0.48	1876.8	134.00	984.07
1956	1028.0	0.49	2083.4	229.36	1172.83
1957	1068.0	0.49	2166.9	192.98	1316.95
1958	1307.0	0.53	2447.2	391.40	1652.92
1959	1439.0	0.59	2446.0	490.35	2073.02
1960	1457.0	0.63	2329.6	545.75	2529.81
1961	1220.0	0.66	1859.9	242.35	2662.53
1962	1149.3	0.63	1823.1	156.50	2702.55
1963	1233.3	0.61	2013.0	187.96	2771.14
1964	1454.0	0.62	2341.0	273.83	2921.43
1965	1716.1	0.64	2674.0	350.15	3140.11
1966	1868.0	0.65	2894.0	424.49	3421.99
1967	1773.9	0.63	2817.4	318.37	3583.52
1968	1723.1	0.63	2734.3	304.73	3722.51
1969	1937.9	0.64	3029.4	449.52	3998.31
1970	2252.7	0.65	3475.1	623.83	4433.89
1971	2426.4	0.66	3686.3	685.68	4908.96
1972	2518.1	0.66	3786.8	697.47	5371.21
1973	2720.9	0.67	4085.1	742.73	5854.33
1974	2789.9	0.66	4197.6	848.94	6417.87
1975	2997.3	0.66	4507.7	999.88	7102.21
1976	2943.7	0.66	4443.4	974.65	7724.71
1977	3201.9	0.68	4695.8	1008.40	8346.87
1978	3624.1	0.70	5176.6	1038.64	8964.69

续表

年度	名义 GDP（当年 RMB 亿元）	缩减指数	实际 GDP（1987 年 RMB 亿元）	实际投资（1987 年 RMB 亿元）	总资本（1987 年 RMB 亿元）
1979	4038.2	0.73	5546.2	1082.11	9591.09
1980	4517.8	0.76	5915.4	1217.93	10317.48
1981	4862.4	0.78	6256.5	1120.64	10905.05
1982	5294.7	0.77	6833.1	1262.87	11599.95
1983	5934.5	0.78	7584.5	1401.18	12392.13
1984	7171.0	0.82	8736.6	1737.29	13473.67
1985	8964.4	0.91	9892.0	1943.36	14698.44
1986	10202.2	0.95	10742.3	2166.96	16075.35
1987	11962.5	1.00	11962.5	2495.70	17700.31
1988	14928.3	1.13	13261.9	2725.95	19460.11
1989	16909.2	1.23	13747.6	2303.63	20693.44
1990	18547.9	1.30	14267.3	2382.25	21928.93
1991	21617.8	1.38	15617.7	2787.64	23492.20
1992	26638.1	1.49	17922.2	3621.75	25792.52
1993	34634.4	1.70	20407.4	5201.46	29532.40
1994	46759.4	2.03	23066.8	5739.79	33586.38
1995	58478.1	2.29	25515.9	6491.33	38146.49
1996	67884.6	2.42	28000.3	7185.10	43122.28
1997	74462.6	2.44	30504.4	7571.58	48178.39
1998	78345.2	2.38	32907.4	8369.10	53717.01
1999	82067.5	2.33	35278.7	8961.93	59500.69
2000	89442.2	2.35	38128.4	9837.40	65792.84
2001	95933.3	2.34	40996.6	11154.89	73000.17

数据来源：表中第二列来自1999年和2002年的《中国统计年鉴》。第四列和第五列1995年以前数据见麦迪森《中国经济的长远未来》（新华出版社1999年版），1996年以后数据系作者由《中国统计年鉴2002》的数据，按照麦迪森的方法，换算成1987年价格而得。第五列中不含住宅投资。第三列为第二列除以第四列。第六列为按前述 $K_t = K_{t-1} \times (1 - r_1) + I_t$ 公式算出。

附表 2　　　　中国国防总资本的估算

年度	缩减指数	名义军费（当年价亿元）	实际军费（1987年RMB亿元）	国防资本1（1987年RMB亿元）	国防资本2（1987年RMB亿元）
1952	0.44	57.84	132.50	109.96	109.96
1953	0.48	75.38	156.28	166.51	152.45
1954	0.49	58.13	118.42	205.90	181.75
1955	0.48	65.00	134.06	249.60	214.39
1956	0.49	61.17	123.97	287.34	242.47
1957	0.49	55.11	111.81	318.50	265.51
1958	0.53	50.00	93.62	340.94	281.87
1959	0.59	58.00	98.59	364.05	298.76
1960	0.63	58.00	92.74	383.53	312.89
1961	0.66	50.00	76.22	395.36	321.15
1962	0.63	56.94	90.32	411.80	332.99
1963	0.61	66.42	108.41	434.18	349.42
1964	0.62	72.86	117.31	458.58	367.44
1965	0.64	86.76	135.19	488.38	389.62
1966	0.65	101.01	156.49	524.58	416.76
1967	0.63	83.02	131.85	548.90	434.79
1968	0.63	94.09	149.31	578.32	456.75
1969	0.64	126.18	197.25	624.40	491.57
1970	0.65	145.26	224.08	677.97	532.16
1971	0.66	169.47	257.47	741.09	580.14
1972	0.66	159.39	239.69	793.20	619.65
1973	0.67	145.39	218.28	833.38	650.02
1974	0.66	133.39	200.70	863.73	672.86
1975	0.66	142.46	214.25	896.90	697.88
1976	0.66	134.45	202.95	922.99	717.47
1977	0.68	149.04	218.58	952.85	740.00
1978	0.70	167.84	239.74	988.38	766.90

续表

年度	缩减指数	名义军费（当年价亿元）	实际军费（1987 年 RMB 亿元）	国防资本 1（1987 年 RMB 亿元）	国防资本 2（1987 年 RMB 亿元）
1979	0.73	222.64	305.78	1046.69	811.35
1980	0.76	193.84	253.80	1080.25	836.78
1981	0.78	167.97	216.13	1096.13	848.62
1982	0.77	176.35	227.59	1114.55	862.44
1983	0.78	177.13	226.38	1130.39	874.30
1984	0.82	180.76	220.22	1141.86	882.81
1985	0.91	191.53	211.35	1148.17	887.36
1986	0.95	200.75	211.38	1154.37	890.87
1987	1.00	209.62	209.62	1159.76	892.88
1988	1.13	218.00	193.67	1158.55	889.23
1989	1.23	251.47	204.45	1162.10	888.32
1990	1.30	290.31	223.31	1173.57	892.39
1991	1.38	330.31	238.63	1191.12	900.02
1992	1.49	377.86	254.22	1214.59	911.04
1993	1.70	425.80	250.89	1235.41	919.50
1994	2.03	550.71	271.67	1264.41	932.80
1995	2.29	636.72	277.82	1294.60	946.19
1996	2.42	720.06	297.00	1330.07	963.53
1997	2.44	812.57	332.88	1377.90	989.53
1998	2.38	934.70	392.60	1424.23	1030.62
1999	2.33	1076.40	462.72	1493.12	1088.70
2000	2.35	1207.54	514.76	1575.67	1156.94
2001	2.34	1442.04	616.25	1689.96	1249.26

数据来源：表中第一列来自表 1 中第二列。第二列来自《中国统计年鉴 1999》及《中国统计年鉴 2002》。第三列为第二列除以第一列。第四、五列按公式 $MC_t = MC_{t-1} \times (1 - r_2) + ME_t \times s$ 采取前述的不同方案算出。其中国防资本 1 的计算中按前述假定考虑其他收入。国防资本 2 的计算中不考虑其他收入。

附表3　　有关比例

年度	国防费/GDP	国防资本/总资本	财政支出/GDP	国防费/财政支出
1952	0. 085	0. 150	0. 253	0. 336
1953	0. 091	0. 210	0. 266	0. 344
1954	0. 068	0. 232	0. 284	0. 238
1955	0. 071	0. 254	0. 289	0. 247
1956	0. 060	0. 245	0. 290	0. 205
1957	0. 052	0. 242	0. 277	0. 186
1958	0. 038	0. 206	0. 306	0. 125
1959	0. 040	0. 176	0. 377	0. 107
1960	0. 040	0. 152	0. 442	0. 090
1961	0. 041	0. 148	0. 292	0. 140
1962	0. 050	0. 152	0. 257	0. 193
1963	0. 054	0. 157	0. 269	0. 200
1964	0. 050	0. 157	0. 271	0. 185
1965	0. 051	0. 156	0. 268	0. 189
1966	0. 054	0. 153	0. 288	0. 188
1967	0. 047	0. 153	0. 248	0. 189
1968	0. 055	0. 155	0. 208	0. 263
1969	0. 065	0. 156	0. 271	0. 240
1970	0. 064	0. 153	0. 288	0. 224
1971	0. 070	0. 151	0. 302	0. 231
1972	0. 063	0. 148	0. 304	0. 208
1973	0. 053	0. 142	0. 297	0. 180
1974	0. 048	0. 135	0. 283	0. 169
1975	0. 048	0. 126	0. 274	0. 174
1976	0. 046	0. 119	0. 274	0. 167
1977	0. 047	0. 114	0. 263	0. 177

续表

年度	国防费/GDP	国防资本/总资本	财政支出/GDP	国防费/财政支出
1978	0.046	0.110	0.310	0.150
1979	0.055	0.109	0.317	0.174
1980	0.043	0.105	0.272	0.158
1981	0.035	0.101	0.234	0.148
1982	0.033	0.096	0.232	0.143
1983	0.030	0.091	0.238	0.126
1984	0.025	0.085	0.237	0.106
1985	0.021	0.078	0.224	0.096
1986	0.020	0.072	0.216	0.091
1987	0.018	0.066	0.189	0.093
1988	0.015	0.060	0.167	0.088
1989	0.015	0.056	0.167	0.089
1990	0.016	0.054	0.166	0.094
1991	0.015	0.051	0.157	0.098
1992	0.014	0.047	0.140	0.101
1993	0.012	0.042	0.134	0.092
1994	0.012	0.038	0.124	0.095
1995	0.011	0.034	0.117	0.093
1996	0.011	0.031	0.117	0.091
1997	0.011	0.029	0.124	0.088
1998	0.012	0.027	0.138	0.087
1999	0.013	0.025	0.161	0.082
2000	0.014	0.024	0.178	0.076
2001	0.015	0.023	0.197	0.076

数据来源：第一、三、四列根据 1999 和 2002 年《中国统计年鉴》中的相应数据算出。第二列为表 2 中第五列除以附表 1 中第六列算出。

参考文献

[1] 陈炳福：《西方国家对中国国防支出的测算：差异与问题》，《中国国防经济》2003 年第 1 期。

[2] 郭庆、胡鞍钢：《中国工业化问题初探》，中国科学技术出版社 1991 年版。

[3] 王绍光、胡鞍钢：《中国国家能力报告》，辽宁人民出版社 1993 年版。

[4] Angus Maddison, 2001, The World Economy: A Millennial Perspective OECD, Table B－20。

[5] Charles Wolf, Jr., RAND, 2002, Asian Economic Trends and Their Security Implications。

[6] Chow, G., 1993, "Capital Formation and Economic Growth in China", Quarterly Journal of Economic。

[7] Shaoguang Wang, The Military Expenditure of China, 1989～98, 1999。